(사)한국어문회 주관 | 교육급수 지침서

한자능력 검정시험

7급
7급II·**8**급

부록 · **쓰기연습** 포함

한자능력검정시험 **7**급(**7**급II · **8**급 포함)에 대비한
최상의 **지침서!**

- 한자능력검정시험 분야의 베스트셀러!
- 한자어의 이해와 활용능력을 길러주기 위한 다양한 예문 수록

한자능력검정시험
7급(7급II · 8급 포함)

문자는 언어를 체계화하고 인간의 내면세계를 구체화하고 서술하는 데에 필요한 도구이다. 따라서 한 나라의 문자 정책은 그 나라의 이상과 추구를 구체화하며 아울러 세계 인류의 의식 세계를 교류하는 데에 가교架橋 역할을 한다.

지금 우리나라는 문자 정책의 혼선으로 말미암아 어문 교육 정책은 실마리를 잡지 못하고 있음은 물론, 사회 각처에서의 언어적 무가치와 무분별한 외래어 남용으로 인해 내 나라 내 글인 한국어의 우수성을 저버리고 있다. 새삼 한국어의 구성을 말하지 않더라도 한국어는 한자와 한글로 구성되었음은 누구나 아는 사실이다. 그러나 그 구성에 있어서 한자 어휘가 약 70% 이상을 차지하고 있기 때문에 한자와 한글은 따로 떼어서 교육할 수 없는 언어이다. 그럼에도 불구하고 학자들 간의 이권利權으로 말미암아 어문 정책이 양분되어 논쟁을 벌인다는 것은 불필요한 지식 소모라고 여겨진다.

이로 인하여 (사)한국어문회에서는 우리글인 한국어를 올바로 인식시키고, 고급 지식의 경제 생산을 이룩하기 위하여 초등학생부터 일반인에 이르기까지 한자능력검정시험을 실시하고 있다.

매년 수험생이 증가하고 있어 다행한 일이라 여겨지기는 하나 전 국민이 학교에서부터 의무 교육 속에서 교육받을 수 있는 정책을 세우는 것보다는 못할 것이다.

요즘 사회 각처에서 국한國漢혼용의 필요성이 대두되자, 한자 교육학회의 난립과 검정시험이 난무하고 있어 오랜 세월 주장되어 온 올바른 학자들의 국한 혼용의 본래 취지와 한국어 교육의 참뜻을 저해할까 두려운 마음이 앞선다.

다행히 무분별한 외래문화의 수용 속에서 우리것을 바로 알고 지켜나가는 (사)한국어문회에서 어문 정책의 일환으로 추진하는 검정시험이 꾸준히 뿌리를 내려가고 있어 한결 마음 뿌듯하며, 수험생에게도 조금이나마 보탬이 되고자 이 책을 펴낸다.

元 基 春

차례

01 본 책은 학생이나 사회인에게 한자어의 이해와 활용 능력을 길러주기 위해 제정한 급수별 시험에 대비해 엮어진 수험 교재이다. 시험은 (사단법인)한국어문회에서 주관하고 한국한자능력검정회에서 시행하는 한자능력검정시험과 국내 각종 한자자격시험 및 한자경시대회 등이 있다.

02 본 책은 급수별로 8급(50자) / 7급II(100자) / 7급(150자) / 6급II(225자) / 6급(300자) / 5급II(400자) / 5급(500자) / 4급II(750자) / 4급(1,000자) / 3급II(1,500자) / 3급(1,817자) / 2급(2,355자) / 1급(3,500자) 등에 해당하는 한자를 중심으로, 각 권으로 엮어서 「이 책의 차례」와 같이 다양한 방법으로 학습할 수 있도록 꾸몄다.

03 본 책은 (사)한국어문회에서 배정한 급수별 한자를 기준으로, 일상생활에서 자주 쓰이는 한자어와 시사성에 관련된 한자어를 구성하여 각각 그 뜻을 헤아릴 수 있도록 하였다.

04 본 책은 한자어가 쓰이는 예문을 제시하여, 한자말을 생활화하는 습성을 통해 한자능력검정시험과 각종 전공시험 및 논술시험을 대비할 수 있도록 하였다.

05 본 책은 한자능력검정시험 유형에 맞추어 부문별로 구성하였고, 「평가문제」 및 「기출·예상문제」를 수록하여 배우고 익힌 것을 스스로 평가·복습할 수 있도록 하였다.

06 본 책에 수록된 한자의 훈과 음은 대체적으로 (사)한국어문회에서 정한 대표 훈과 음을 따랐으나 간혹 뜻의 전달이 정확하지 않은 것은 옥편의 대표적인 훈과 음으로 보충하였다.

✓ 상위급수 한자는 모두 하위급수 한자를 포함하고 있습니다.
✓ 쓰기 배정 한자는 한두 급수 아래의 읽기 배정한자이거나
  그 범위 내에 있습니다.
✓ 공인급수는 특급 ～ 3급II이며, 교육급수는 4급 ～ 8급입니다.
✓ 출제기준표는 기본지침자료로서, 출제자의 의도에 따라 차이가 있을 수 있습니다.
✓ 급수는 특급, 특급II, 1급, 2급, 3급, 3급II, 4급, 4급II, 5급, 5급II, 6급, 6급II, 7급, 7급II, 8급
  으로 구분합니다.

구분	특급	특급II	1급	2급	3급	3급II	4급	4급II	5급	5급II	6급	6급II	7급	7급II	8급
독음	45	45	50	45	45	45	32	35	35	35	33	32	32	22	24
한자쓰기	40	40	40	30	30	30	20	20	20	20	20	10	0	0	0
훈음	27	27	32	27	27	27	22	22	23	23	22	29	30	30	24
완성형(成語)	10	10	15	10	10	10	5	5	4	4	3	2	2	2	0
반의어(相對語)	10	10	10	10	10	10	3	3	3	3	3	2	2	2	0
뜻풀이	5	5	10	5	5	5	3	3	3	3	2	2	2	2	0
동음이의어	10	10	10	5	5	5	3	3	3	3	2	0	0	0	0
부수	10	10	10	5	5	5	3	3	0	0	0	0	0	0	0
동의어(類義語)	10	10	10	5	5	5	3	3	3	3	2	0	0	0	0
약자	3	3	3	3	3	3	3	3	3	3	0	0	0	0	0
장단음	10	10	10	5	5	5	3	0	0	0	0	0	0	0	0
한문	20	20	0	0	0	0	0	0	0	0	0	0	0	0	0
필순	0	0	0	0	0	0	0	0	3	3	3	3	2	2	2
출제문항(計)	200			150			100				90	80	70	60	50
합격문항	160			105			70				63	56	49	42	35
시험시간(분)	100	90		60			50								

• 자료 출처 : 《(사)한국어문회》

● 「한자능력검정시험」은 《(사)한국어문회》가 주관하고, 《한국한자능력검정회》가 1992년 12월 9일 전국
  적으로 시행하여 현재에 이르기까지 매년 시행하고 있는 국내 최고의 한자자격시험입니다. 또한 시험
  에 합격한 재학생은 내신 반영은 물론, 2000학년부터 3급과 2급 합격자를 대상으로 일부 대학에 서
  특기자 전형 신입생을 선발함으로써 더욱 권위있고, 의미있는 한자자격시험으로 인정받고 있습니다.
● 《(사)한국어문회》는 1992년 6월 22일에 문화부 장관 인가로 발족하고, 그 산하에 《한국한자능력검
  정회》를 두고 있습니다.
● 「한자능력검정시험」은 국어의 전통성 회복과 국어 생활을 바르게 하는 데에 그 목적이 있습니다.
  따라서 시험에 출제되는 내용은 교과서·교양서적·논고 등에서 출제될 것입니다.

이야기
한문서당

왕상의 효도

옛날 진나라 임기 땅에 왕상王祥이라는 사람이 살고 있었습니다. 그가 어릴 때 어머니가 세상을 떠나자, 아버지는 새로 계모를 맞이하였습니다. 계모는 늘 거짓말을 꾸며서 왕상을 헐뜯었습니다. 그래서 왕상은 아버지에게도 미움을 받게 되었습니다. 하지만 왕상은 그럴수록 더욱 공손하게 맡은 일을 열심히 하였습니다. 부모님께서 병으로 누워 계실 때에는 옷을 벗지도 않은 채 밤새 간호하고, 약을 달여 정성을 다해 봉양하였습니다.

계모는 늘 살아 있는 잉어를 드시고 싶어하였습니다. 그래서 왕상은 줄곧 강가에 나가서 잉어를 잡아오곤 하였습니다. 그러나 추운 날씨에는 강이 꽁꽁 얼어서 잉어를 잡기에 여간 어려운 일이 아니었습니다. 하루는 잉어를 구할 길이 없기에 왕상은 옷을 벗고 바닥에 엎드려서 체온으로 얼음을 녹여 잉어를 잡으려고 하였습니다. 그러자 얼음이 갑자기 녹으며 두 마리의 잉어가 펄쩍 뛰어 올랐습니다.

또 하루는 어머니가 참새구이를 생각하시자, 다시 참새 십여 마리가 왕상의 침실로 날아 들어왔습니다. 왕상이 이를 잡아서 어머니께 드리니, 마을 사람들이 모두 놀라 탄식하며 '이는 효성에 감동하여 생긴 일'이라고 칭찬하였습니다. 또 다른 이야기로, 집 앞에 붉은 능금나무가 있었는데 열매가 열리자, 계모는 이를 지키라고 명령하였습니다. 그러나 늘 비바람이 불었습니다. 때문에 왕상은 열매가 바람에 떨어져 어머니께서 드시지 못할까 두려운 마음에 그 나무를 끌어안고 눈물을 흘렸다고 합니다. 이러한 것을 보면 왕상의 독실한 효성이 얼마나 순수하고 지극하였는가를 알 수 있을 것입니다.

한자능력 검정시험

급수별 배정한자
(8급 ~ 7급 : 150자)

✓ 다음 배정한자의 대표 훈과 음은 (사)한국어문회에서 발표한 것을 수록한 것입니다.

✎ 다음의 한자는 서체에 따라 글자 모양이 달라져
보이나 모두 정자로 인정합니다.

❈ 참고 漢字 ❈

示 = 礻	靑 = 靑
神(神) 福(福) 祖(祖) 禮(禮)	淸(淸) 請(請) 晴(晴) 情(情)
糸 = 糸	食 = 食
線(線) 綠(綠) 級(級) 紙(紙)	飮(飮) 飯(飯) 餘(餘) 飽(飽)
辶 = 辶	八 = ソ
近(近) 運(運) 通(通) 速(速)	說(說) 尊(尊) 曾(曾) 墜(墜)

:표는 長音, ▸표는 長·短音 漢字임

배정한자 8급

敎 가르칠	교:		
校 학교學校	교:		
九 아홉	구		
國 나라	국		
軍 군사軍士/軍事	군		
金 쇠	금		
성姓	김		
南 남녘	남		
女 계집	녀		
年 해	년		
大 큰	대▸		
東 동녘	동		
六 여섯	륙		

萬 일만	만:		
母 어미	모:		
木 나무	목▸		
門 문	문		
民 백성百姓	민		
白 흰	백		
父 아비	부		
北 북녘	북		
달아날	배		
四 넉	사:		
山 메	산		
三 석	삼		
生 날	생		
낳을	생		
西 서녘	서		

先 먼저	선		
小 작을	소:		
水 물	수		
室 집	실		
十 열	십		
五 다섯	오:		
王 임금	왕		
外 바깥	외:		
月 달	월		
二 두	이:		
人 사람	인		
日 날	일		
一 한	일		
長 긴	장▸		
弟 아우	제:		

中 가운데	중		
靑 푸를	청		
寸 마디	촌:		
七 일곱	칠		
土 흙	토		
八 여덟	팔		
學 배울	학		
韓 나라	한▸		
한국韓國	한▸		
兄 형	형		
火 불	화▸		

※ 8급은 모두 50자입니다. 8급 시험에서 한자쓰기 문제는 출제되지 않습니다. 하지만 8급 한자는 모든 급수의 기초가 되므로 많이 읽고 그 쓰임에 대하여 알아보는 것이 중요합니다.

배정한자 7Ⅱ급

家	집	가
間	사이	간 ·
江	강	강
車	수레	거
	수레	차
空	빌[虛空]	공
工	장인匠人	공
記	기록할	기
氣	기운氣運	기
男	사내	남
內	안	내:
農	농사農事	농
答	대답對答	답

道	길	도:
	말할	도:
動	움직일	동:
力	힘	력
立	설	립
每	매양每樣	매 ·
名	이름	명
物	물건物件	물
方	모[四角]	방
不	아닐	불
事	일	사:
上	윗	상:
姓	성姓	성:
世	인간人間	세:
手	손	수 ·

時	때	시
市	저자	시:
食	먹을	식
	밥	사/식
安	편안便安	안
午	낮	오:
右	오를	우:
	오른(쪽)	우:
自	스스로	자
子	아들	자
場	마당	장
電	번개	전:
前	앞	전
全	온전	전
正	바를	정 ·

足	발	족
左	왼	좌:
直	곧을	직
平	평평할	평
下	아래	하:
漢	한수漢水	한:
	한나라	한:
海	바다	해:
話	말씀	화
活	살[生活]	활
孝	효도孝道	효:
後	뒤	후:

※ 7Ⅱ는 8급[50자]에 새로운 한자 50자를 더하여 모두 100자입니다.

배정한자 7급

漢字	훈	음
歌	노래	가
口	입	구:
旗	기	기
冬	겨울	동:
洞	골	동:
	밝을	통:
同	한가지	동
登	오를[登增]	등
來	올	래:
老	늙을	로:
里	마을	리:
林	수풀	림
面	낯	면:
命	목숨	명:
文	글월	문
問	물을	문:
百	일백	백
夫	지아비	부
算	셈	산:
色	빛	색
夕	저녁	석
所	바	소:
少	적을[젊을]	소:
數	셈	수:
	자주	삭
植	심을	식
心	마음	심
語	말씀	어:
然	그럴	연
有	있을	유:
育	기를	육
邑	고을	읍
入	들	입
字	글자	자
祖	할아비	조
住	살	주:
主	임금	주
	주인主人	주
重	무거울	중:
地	땅[따]	지
紙	종이	지
川	내	천
千	일천	천
天	하늘	천
草	풀	초
村	마을	촌:
秋	가을	추
春	봄	춘
出	날	출
便	편할	편:
	똥오줌	변
夏	여름	하:
花	꽃	화
休	쉴	휴

※ 7급은 7Ⅱ[100자]에 새로운 한자 50자를 더하여 모두 150자입니다. 7급에서 한자쓰기 문제는 출제되지 않습니다. 하지만, 7급에서 사용되는 한자는 앞으로 공부할 모든 급수에서 중요한 한자이므로 모두 쓸 수 있도록 학습하는 것이 좋습니다.

　→ 나에게 소중한 분들의 이름을 한자로 쓸 수 있습니까?

* **아버지**

* **어머니**

* **나**

* **가족**
（　　　）

* **가족**
（　　　）

한자능력
검정시험

기초학습

기초학습

한자능력검정 8급에 해당되는 배정한자를 중심으로, 한자를 익히기 위해 필요한 기본적인 설명을 붙여 엮은 것입니다.

학습방법

① 한자를 쓰는 순서에 따라 빈칸에 쓰세요.

② 교재 한 쪽을 충분히 연습한 후에, 연습장에 한자의 훈과 음을 써놓고 그 훈과 음에 알맞은 한자로 고쳐 써보세요. 스스로 학습한 것을 평가할 수 있을 것입니다.

③ 교재는 반복 학습을 할 수 있는 공간이 부족합니다. 또 다른 한자공책을 마련하여 연습하도록 하세요.

한자의 필순

한자의 필순은 19쪽 ~ 22쪽에서 제시하고 있는 방법과 같습니다. 그러나 간혹 두 가지 필순으로 쓰는 경우가 있으므로 아래의 필순을 참고하기 바랍니다. 본 시험에서는 두 가지 필순 중에 왼쪽의 방법을 권장합니다.

✓ 萬 : 一 艹 莒 萬 萬 / 丶 艹 莒 萬 萬

✓ 所 : 一 尸 所 所 所 / 丶 丿 尸 所 所

✓ 北 : ㅣ ㅓ ㅓ 扌 北 / 一 ㅓ 扌 北

✓ 王 : 一 二 干 王 / 一 丁 干 王

✓ 上 : ㅣ ㅏ 上 / 一 ㅏ 上

✓ 長 : 一 ㄷ 트 튼 長 / ㅣ ㅌ 튼 튼 長

✓ 生 : 丿 ㅏ ㅗ 牛 生 / 丿 ㅏ ㅗ 牛 生

✓ 青 : 二 ㅈ 丰 青 青 / 丨 ㅈ 丰 青 青

❋ 아래 한자는 8급 한자입니다. 순서에 따라 한 획씩 더해가며 써보세요.

一	
한 일	一부 총1획　一
二	
두 이	二부 총2획　一 二

새김글

○ **한글**은 소리로 뜻을 나타내는 **소리글자**이지만, **한자**漢字는 뜻과 소리로 나누어진 **뜻글자**입니다. 때문에 한자漢字는 뜻과 소리를 함께 익혀야 그 뜻을 정확하게 전달할 수 있습니다.

예1 入 (들　입)자의 뜻은 「**들어가다**」이고, 소리는 「**입**」입니다.

예2 學 (배울 학)자의 뜻은 「**배우다**」이고, 소리는 「**학**」입니다.

三	
석 삼	一부 총3획　一 二 三
四	
넉 사	口부 총5획　丨 冂 冂 四 四

새김글

○ **한자의 획**劃 ▷ 한자를 이루고 있는 하나 하나의 선線이나 점點 또는 한 번에 긋는 것을 「획劃」이라고 합니다.

예1 三 = 一 + 二　　예2 四 = 口 + 八　　예3 東 = 木 + 日

○ **한자의 획수**劃數 ▷ 한자를 이루고 있는 「획劃의 수數」를 말하는 것입니다.

예 「四」자의 획수는 「口」자의 3획과 「八」자의 2획이 합해져서 모두 「5획」입니다.

❀ 아래 한자는 8급 한자입니다. 순서에 따라 한 획씩 더해가며 써보세요.

五						
다섯 오	二부 총4획 一 丁 五 五					
六						
여섯 륙/육	八부 총4획 丶 一 六 六					
七						
일곱 칠	一부 총2획 一 七					
八						
여덟 팔	八부 총2획 丿 八					
九						
아홉 구	乙부 총2획 丿 九					
十						
열 십	十부 총2획 一 十					

새김글

○ **한자의 획순**劃順 ▷ 획순은 필순筆順이라고도 합니다. 이것은 한자를 쓰는 순서順序를 말하는 것입니다. 한자를 처음 익힐 때에는 쓰는 순서를 바르게 익혀 두지 않으면 글씨를 예쁘게 쓸 수 없는 것은 물론이고, 애쓰고 익힌 글자를 오래도록 기억할 수 없을 것입니다. 또한 순서는 차례이며 규칙입니다. 모든 일에 차례와 규칙이 없다면 무척 혼란스럽듯이 한자의 획순을 소홀히 익히게 되면 한자공부는 할수록 어렵게만 느껴질 것입니다. 참☞(19쪽 ~ 22쪽)

✿ 아래 한자는 8급 한자입니다. 순서에 따라 한 획씩 더해가며 써보세요.

月 달 월	月부 총4획　丿 刀 月 月	
火 불 화	火부 총4획　丶 丶 ⺌ 火	
水 물 수	水부 총4획　丿 刁 水 水	
木 나무 목	木부 총4획　一 十 才 木	
金 쇠금/성김	金부 총8획　丿 人 人 仐 仐 余 余 金	
土 흙 토	土부 총3획　一 十 土	

새김글

○ **한자의 획순**劃順

예1 「一, 川」자와 같이, 획은 왼쪽에서부터 오른쪽으로 씁니다.

예2 「三, 金」자와 같이, 획은 위에서부터 아래로 내려씁니다.

예3 「十」자와 같이 가로획과 세로획이 교차交叉할 때에는 가로획[一]을 먼저 쓰고,
　　세로획[丨]을 나중에 씁니다.

 기초학습

⊛ 아래 한자는 8급 한자입니다. 순서에 따라 한 획씩 더해가며 써보세요.

生								
날 생	生부 총5획 ㅣ ㅑ ㅕ 牛 生							
日								
날 일	日부 총4획 ㅣ 冂 日 日							
東								
동녘 동	木부 총8획 一 冂 冂 日 申 東 東							
西								
서녘 서	襾부 총6획 一 冂 冃 西 西 西							
南								
남녘 남	十부 총9획 一 十 十 冇 冇 南 南 南 南							
北								
북녘 북	匕부 총5획 ㅣ ㅓ 扌 北 北							

새김글

○ **한자의 획순**劃順

예4 「人」자와 같이 삐침[ノ]과 파임[乀]이 서로 만날 때에는 삐침[ノ]을 먼저 쓰고, 파임[乀]을 나중에 씁니다.

예5 「四」자와 같은 자는 바깥쪽 획[冂]은 먼저, 안쪽 획[八]은 중간에, 아래 획[一]은 맨 나중에 써서 안쪽 획이 밑으로 쏟아지지 않도록 잘 닫습니다.

✿ 아래 한자는 8급 한자입니다. 순서에 따라 한 획씩 더해가며 써보세요.

大						
큰 대	大부 총3획 一 ナ 大					
小						
작을 소	小부 총3획 亅 小 小					
父						
아비 부	父부 총4획 ノ ハ グ 父					
母						
어미 모	母부 총5획 ㄴ 幻 母 母 母					
靑						
푸를 청	靑부 총8획 一 = ヰ 丰 主 靑 靑 靑					
白						
흰 백	白부 총5획 ノ 亻 白 白 白					

㈜ 새 김 글

○ **한자의 획순**劃順

예6 「水」자와 같이 가운데를 중심으로 대칭對稱을 이루는 글자는 가운데 획[丨]을 먼저 쓰고, 다음으로 왼쪽 획을 쓰고, 맨 나중에 오른쪽 획을 씁니다.

예7 「中」자와 같이 획이 획을 뚫고 지나는 글자는, 뚫고 지나는 획[丨]을 맨 나중에 씁니다.

예8 「代」자와 같이 글자의 오른쪽 위에 있는 점획은 맨 나중에 씁니다. ※ 代6급Ⅱ : 대신할 대

■ 21

❀ 아래 한자는 8급 한자입니다. 순서에 따라 한 획씩 더해가며 써보세요.

外							
바깥 외	夕부 총5획　／　ク　タ　列　外						
國							
나라 국	口부 총11획　丨　冂　冂　冃　冃　冃　冃　或　國　國　國						
四							
넉 사	口부 총5획　丨　冂　冂　四　四						
寸							
마디 촌	寸부 총3획　一　寸　寸						
王							
임금 왕	玉부 총4획　一　二　干　王						
室							
집 실	宀부 총9획　丶　丷　宀　宁　宓　宓　宓　室　室						

(새)(김)(글)

○ **한자의 획순**劃順

　　주의 ☞ 받침[走, 辶, 廴]획은 받침에 따라 먼저, 또는 나중에 쓰기도 합니다.

　　예9 「起」자와 같이 [走]받침이 있는 글자는 받침[走]을 먼저 씁니다. ※ 起4Ⅱ : 일어날 기

　　예10 「道」자와 같이 [辶, 廴]받침이 있는 글자는 받침[辶, 廴]을 나중에 씁니다.

✣ 아래 한자는 8급 한자입니다. 순서에 따라 한 획씩 더해가며 써보세요.

學		
배울 학	子부 총16획	´ ˊ F F F Fʳ Fʳ FB 臼 臼 臼 , 與 與 學 學
校		
학교 교	木부 총10획	一 十 才 木 木ˊ 朾 朾 杧 栌 校
年		
해 년	干부 총6획	´ ˊ ⏊ ⏊ ⌶ 年
中		
가운데 중	ㅣ부 총4획	ㅣ 口 口 中

새김글

○ **한자의 부수**部首 ▷ 부수란, 옥편(玉篇)이나 자전(字典)에서 한자를 찾는데 필요한 기본 글자로써, 모든 한자를 그 짜임새에 따라 분류한 「공통부분」을 말하는 것입니다. 부수는 모두 214가지이며 각각 그 이름이 있습니다. 참☞ (189쪽)

○ **부수**部首**로 옥편**玉篇**찾기**
  • **따라하기** ☞ 「校 - 부수▷木」자를 **옥편**玉篇이나, **자전**字典에서 찾아보세요.
  (1) 옥편이나 자전의 부수색인部首索引에서 4획인 「木」자를 찾아 아래에 적힌 「?쪽」을 찾아갑니다.
  (2) 「木」자 부수部首를 찾았습니까? 그렇다면 「校」자에서 부수인 「木」자를 뺀 나머지 「交」자의 획수를 세어 보세요. 「交」자의 획수는 6획입니다.
  (3) 「木」자 부수部首에서 그 아래로부터 6획을 찾아가면 그 곳에는 「校」자가 있을 것입니다.
  (4) 「校」자의 뜻[훈訓]과 소리[음音]는 「학교 교」입니다.

✾ 아래 한자는 8급 한자입니다. 순서에 따라 한 획씩 더해가며 써보세요.

萬					
일만 만	艹부 총13획 一 艹 艹 艹 节 苔 苔 萬 萬 萬 萬				
民					
백성 민	氏부 총5획 フ ㄱ 尸 戸 民				
長					
긴 장	長부 총8획 一 Γ F F 手 長 長 長				
女					
계집 녀	女부 총3획 く 女 女				
敎					
가르칠 교	攵부 총11획 ノ メ ナ チ 孝 孝 孝 孝 敎 敎				
室					
집 실	宀부 총9획 丶 宀 宀 宕 宕 宕 室 室 室				

새김글

○ 만민(萬民) ▷ 온 국민. 만백성(萬百姓).

○ 장녀(長女) ▷ 맏딸.

○ 교실(敎室) ▷ 학교에서 학생들이 수업을 하는 방.

○ 다음 중 한자어漢字語의 독음讀音이 잘못된 것은? (　　　)　　정답 ☞ 26쪽

　　① 二十(이십)　② 大小(대소)　③ 金氏(금씨)　④ 八月(팔월)　　25쪽 정답 ☞ (②)

❋ 아래 한자는 8급 한자입니다. 순서에 따라 한 획씩 더해가며 써보세요.

大	
큰 대	大부 총3획　一 ナ 大
門	
문 문	門부 총8획　丨 冂 冂 冂 冃 門 門 門
先	
먼저 선	儿부 총6획　丿 一 牛 生 步 先
生	
날 생	生부 총5획　丿 一 牛 牛 生
靑	
푸를 청	靑부 총8획　一 二 丰 主 青 青 青 青
山	
메 산	山부 총3획　丨 山 山

새김글

○ 대문(大門) ▷ 집의 정문. ㉤ 대문을 두드리다.

○ 선생(先生) ▷ 학생을 가르치는 사람. 남을 높여 이르는 말. ㉤ 한문 선생

○ 청산(靑山) ▷ 풀과 나무가 무성한 푸른 산. ㉤ 청산에서 살으리라.

○ 다음 중 한자어漢字語의 독음讀音이 잘못된 것은? (　　) 정답 ☞ 24쪽
　① 南北(남북) ② 女王(녀왕) ③ 生日(생일) ④ 四寸(사촌) 26쪽 정답 ☞ (③)

❈ 아래 한자는 8급 한자입니다. 순서에 따라 한 획씩 더해가며 써보세요.

軍		
군사 군	車부 총9획　`丶 冖 冖 冖 乬 乬 冒 冒 軍`	
人		
사람 인	人부 총2획　`丿 人`	
兄		
형 형	儿부 총5획　`丶 冂 冂 尸 兄`	
弟		
아우 제	弓부 총7획　`丶 丷 놥 놥 놥 弟 弟`	
韓		
나라 한	韋부 총17획　`一 十 丰 古 古 古 直 卓 卓 卓 韓 韓 韓 韓 韓 韓 韓`	
國		
나라 국	囗부 총11획　`丨 冂 冂 冂 冃 冃 冃 國 國 國 國`	

새김글

○ 군인(軍人) ▷ 육군·해군·공군의 장교·하사관·병사를 모두 일컫는 말.
○ 형제(兄弟) ▷ 형과 아우. 동기(同氣). ㉄ 효자로 이름난 형제.
○ 한국(韓國) ▷ 대한민국(大韓民國). 우리나라.
○ 다음 중 한자어漢字語의 독음讀音이 잘못된 것은? (　　) ◎◎정답 ☞ 25쪽
　① 敎室(교실) ② 萬民(만민) ③ 年中(년중) ④ 六月(유월)　◎◎24쪽 정답 ☞ (③)

한자능력 검정시험

본문학습

학습
도움

○── **본문학습** ──○

한자능력검정 7급에 해당되는 배정한자(150자)를 중심으로, 각각의 한자에 뜻이 통하는 한자와
연결하여 한자어를 만들고, 그 뜻을 설명한 것입니다.

○── **학습방법** ──○

① 각 회의 뒷면[짝수쪽]에 있는 한자를 획순[필순]에 따라 빈칸에 씁니다.
② 뒷면[짝수쪽]을 충분히 익힌 후에 앞쪽[홀수쪽]으로 돌아와서, 암기한 것을 생각하며 빈칸에
  알맞은 훈음과 독음을 적어봅니다.
③ 본문학습 5회[**1** ~ **5**, **6** ~ **10**, …]를 충분히 익힌 후에 뒤에 수록된 평가문제[☞ 147쪽]
  를 풀어보도록 하세요.

○── **학습예제** ──○

[홀수쪽]

六月 (유월) ▷ (여섯 륙)(달   월)
　⬚도⬚ ▶ 한 해의 여섯째 달.
　⬚유⬚ 유월 육일은 현충일입니다.

[짝수쪽]

⬢ 다음 빈칸에 한자漢字를 쓰세요.

六	六	六	六	月	月	月	月
여섯륙	八부 총4획			달 월	月부 총4획		

○── **정답확인** ──○

별책부록 3쪽에서 확인할 수 있습니다.

✱ 다음 한자漢字를 자세히 익혀봅시다.

一 (一부) 총1획 8급	二 (二부) 총2획 8급	八 (八부) 총2획 8급
한 일	두 이	여덟 팔

✱ 다음 한자어漢字語의 뜻을 익혀봅시다.

해답 ☞ 별책부록 4쪽

一生(　　　) ▷ (　　　　)(　　　)
　⊙▶살아있는 동안. 평생(平生). 한평생.
　印 일생을 보람되게 살아야지!

二重(　　　) ▷ (　　　　)(　　　)
　⊙▶① 겹침. 두 겹. ② 중복(重複).
　印 이중으로 창문을 만들다.

八道(　　　) ▷ (　　　　)(　　　)
　⊙▶국토를 여덟 개의 도로 나눈 행정구역.
　印 그는 한평생 팔도강산을 유람하며 살았다.

同一(　　　) ▷ (　　　　)(　　　)
　⊙▶다른 데가 없이 똑같음.
　印 모두들 동일한 대우를 하였다.

二世(　　　) ▷ (　　　　)(　　　)
　⊙▶'뒤를 이을 아이'라는 뜻으로, 흔히 '자녀'를 이르는 말. 印 이세를 위한 교육

八方(　　　) ▷ (　　　　)(　　　)
　⊙▶① 동·서·남·북과 북동·북서·남동·남서의 여덟 방위. ② 이곳 저곳.

✱ 다음 중 설명이 맞는 것은 ○표, 틀린 것은 ×표 하세요.

(1)「八」자의 부수는 「제부수」이고, 총획수는 「2획」입니다. ····················· (　　　)

(2)「方」자는 「모서리, 방향」 등의 뜻으로 쓰이는 글자입니다. ····················· (　　　)

(3)「道」자의 필순은 「辶(착)」자를 먼저 쓰고, 「首(수)」자를 나중에 씁니다. ·· (　　　)

도움글

○ 八(팔)자는 「ノ(별)」과 「乀(불)」이 서로 떨어진 글자입니다. 「ノ」이 위에 붙은 人(인)자와 「ノ」이 아래에 붙은 入(입)자를 혼동하지 않도록 주의하세요!

○ 필순(筆順)에 주의
　예1 刀 = ㄱ 刀　　예2 同 = 冂 同　　예3 少 = ㅣ 小 少　　예4 土 = 十 土

❀ 다음 빈칸에 한자_{漢字}를 쓰세요.

一			生		
한 일	一부 총1획 一		날 생	生부 총5획 ノ ⺧ ⺧ 牛 生	
同			一		
한가지 동	口부 총6획 丨 冂 冂 同 同 同		한 일	一부 총1획 一	
二			重		
두 이	二부 총2획 ＝ 二		무거울 중	里부 총9획 二 ⿱ 듣 重 重	
二			世		
두 이	二부 총2획 ＝ 二		인간 세	一부 총5획 一 十 廿 廿 世	
八			道		
여덟 팔	八부 총2획 ノ 八		길 도	辵부 총13획 ⺊ 芐 首 首 道	
八			方		
여덟 팔	八부 총2획 ノ 八		모 방	方부 총4획 丶 ⺀ 亅 方	

❀ 다음 훈과 음에 알맞은 한자를 〈보기〉에서 골라 번호를 쓰세요.

⑴ 봄 춘( ) ⑵ 여름 하( ) ⑶ 가을 추( )	보기 ① 外 ② 秋 ③ 春
⑷ 겨울 동( ) ⑸ 안 내( ) ⑹ 바깥 외( )	④ 冬 ⑤ 夏 ⑥ 內

✳ 다음 한자漢字를 자세히 익혀봅시다.

十 (十부) 총2획 8급	人 (人부) 총2획 8급	七 (一부) 총2획 8급
열 십	사람 인	일곱 칠

✳ 다음 한자어漢字語의 뜻을 익혀봅시다.

十里(　　)▷(　　)(　　)
도▶거리의 한 단위. 약 3.93km
訓 십리도 못 가서 발병 난다. 參

人間(　　)▷(　　)(　　)
도▶①사람. 인류. ②사람의 됨됨이.
訓 인간은 만물의 영장이다.

七夕(　　)▷(　　)(　　)
도▶'음력 칠월 초이렛날의 밤'을 명일(名日)
로 이르는 말. [이날 밤에 견우와 직녀가 1년
만에 오작교에서 만난다는 전설이 있음]

十字(　　)▷(　　)(　　)
도▶①열 십자(十字)의 모양을 한 것.
②'십자가'의 준말. 訓 십자는 가로획을 먼
저 긋고. 세로획을 나중에 긋는다.

老人(　　)▷(　　)(　　)
도▶나이가 많은 사람. 늙은이.
訓 노인들을 위한 경로잔치를 베풀다.

七色(　　)▷(　　)(　　)
도▶일곱 가지의 빛깔. [빨강·파랑·노랑·
보라·초록·남·주황]

✳ 다음 중 설명이 맞는 것은 ○표, 틀린 것은 ✕표 하세요.

(1)「七」자는 [一(일) + 乙(을)]의 결합으로 만들어진 글자입니다. ……………(　　)

(2)「字」자의 부수는 「宀(집 면)」이고,「子」자의 총획수는「2획」입니다. ……(　　)

(3)「里」자는 土[흙]를 밭갈이 한 모습을 나타낸 글자이며,
「田(밭 전)」자를 먼저 쓰고,「土(흙 토)」를 나중에 씁니다. ………………(　　)

도움글

○「老(로)」자의 훈음訓音은「늙을 로」입니다. 하지만 낱말의 첫 음절에서는「노」로 바뀜에 주의.
○「間(간)」자는 '문틈 사이로 햇살이 비치는 의미'를 나타낸 글자입니다.
○「십리도 못 가서 발병 난다」☞ '무슨 일이 얼마 가지 않아서 탈이 생긴다.'는 말.

✳ 다음 빈칸에 한자_{漢字}를 쓰세요.

十			里		
열 십	十부 총2획 一十		마을 리	里부 총7획 丨 冂 旦 甲 里	
十			字		
열 십	十부 총2획 一十		글자 자	子부 총6획 丶 宀 宀 宁 字	
人			間		
사람 인	人부 총2획 丿人		사이 간	門부 총12획 丨 冂 冃 門 門 間	
老			人		
늙을 로/노	老부 총6획 十 土 耂 耂 耂 老		사람 인	人부 총2획 丿人	
七			夕		
일곱 칠	一부 총2획 一七		저녁 석	夕부 총3획 丿 勹 夕	
七			色		
일곱 칠	一부 총2획 一七		빛 색	色부 총6획 ク 勹 刍 刍 色	

✳ 다음 훈과 음에 알맞은 한자를 〈보기〉에서 골라 번호를 쓰세요.

(1) 동녘 동(　　) (2) 서녘 서(　　) (3) 남녘 남(　　)	보기	① 下 ② 西 ③ 南
(4) 북녘 북(　　) (5) 윗　상(　　) (6) 아래 하(　　)		④ 東 ⑤ 北 ⑥ 上

❋ 다음 한자漢字를 자세히 익혀봅시다.

力 (力부) 총2획 7II	入 (入부) 총2획 7급	九 (乙부) 총2획 8급
힘 력	들 입	아홉 구

❋ 다음 한자어漢字語의 뜻을 익혀봅시다.

國力(　　) ▷ (　　)(　　)
도▶나라의 정치·경제·문화·군사 등 모든 방면의 역량. 옐체력은 국력!

出入(　　) ▷ (　　)(　　)
도▶① 드나듦. ② 나들이.
옐수업시간에 출입이 잦다고 꾸중을 들었다.

九冬(　　) ▷ (　　)(　　)
도▶겨울 철의 90일 동안.

力道(　　) ▷ (　　)(　　)
도▶역기(力器)를 들어 올려 그 기록을 겨루는 경기. 역기(力技). 옐역도경기장

入學(　　) ▷ (　　)(　　)
도▶학교에 들어가 학생이 됨. 밴졸업(卒業).
옐가원이는 내년에 초등학교에 입학한다.

九十(　　) ▷ (　　)(　　)
도▶아흔. 구십(九拾).

❋ 다음 한자어漢字語의 독음讀音을 쓰세요.

九族(　　)　九十月(　　)　土木工事(　　)
九萬里(　　)　不孝子(　　)　十年工夫(　　)

[도움한자]
族(겨레 족 : 方-총11획)　夫(지아비부 : 大-총 4획)　事(일　사 : 亅-총 8획)
不(아닐 불 : 一-총 4획)　萬(일만 만 : 艹-총13획)　里(마을 리 : 里-총 7획)
孝(효도 효 : 子-총 7획)　年(해　년 : 干-총 6획)　工(장인 공 : 工-총 3획)

◯土木工事 : 도로나 둑·교량·항만·철도·상하수도 따위를 건설하거나 고치는 일.
◯十年工夫 : 오랜 세월을 두고 쌓은 공.
◯「十月(시월)」은 「십월」로 읽기 쉬우나 독음讀音쓰기는 「시월」로 써야합니다.

❀ **다음 빈칸에 한자**漢字**를 쓰세요.**

國			力		
나라 국	囗부 총11획 冂 囷 國 國 國		힘 력	力부 총2획 フ 力	
力			道		
힘 력/역	力부 총2획 フ 力		길 도	辵부 총13획 丷 丷 首 首 道	
出			入		
날 출	凵부 총5획 丨 屮 屮 出 出		들 입	入부 총2획 ノ 入	
入			學		
들 입	入부 총2획 ノ 入		배울 학	子부 총16획 ⻆ 閄 閄 與 學	
九			冬		
아홉 구	乙부 총2획 ノ 九		겨울 동	冫부 총5획 ノ ク 夂 冬 冬	
九			十		
아홉 구	乙부 총2획 ノ 九		열 십	十부 총2획 一 十	

○「**出入**」은 서로 반대되는 뜻으로 이루어진 한자어입니다.
　　예1 **教學**(교학)　　예2 **大小**(대소)　　예3 **子女**(자녀)　　예4 **男女**(남녀)
　　예5 **內外**(내외)　　예6 **山川**(산천)　　예7 **日月**(일월)　　예8 **江山**(강산)

✳ 다음 한자漢字를 자세히 익혀봅시다.

小	(小부) 총3획 8급	千	(十부) 총3획 7급	女	(女부) 총3획 8급
작을 소		일천 천		계집 녀	

✳ 다음 한자어漢字語의 뜻을 익혀봅시다.

小事(   ) ▷ (   )(   )
　　도▷ 작은 일. 대수롭지 않은 일. 만大事.
　　예▷ 일의 대소사를 가리지 말고 열심히 하자.

數千(   ) ▷ (   )(   )
　　도▷ 천의 여러 배. 몇 천.
　　예▷ 수천 마디의 말보다 한마디 진실을….

母女(   ) ▷ (   )(   )
　　도▷ 어머니와 딸. 만부자(父子).
　　예▷ 다정한 모녀사이

小便(   ) ▷ (   )(   )
　　도▷ 사람의 오줌.
　　예▷ 길거리에서 소변을 보다니!

千金(   ) ▷ (   )(   )
　　도▷ ①엽전 천 냥. ②많은 돈. ③매우 귀중한 가치. 예▷ 천금같은 시간을 아껴쓰자.

少女(   ) ▷ (   )(   )
　　도▷ 아주 어리지도 않고 성숙하지도 않은 여자 아이. 만소년(少年).

✳ 다음 중 독음讀音이 바른 것은 O표, 틀린 것은 ×표 하세요.

八方(팔방) – ( )	七夕(칠석) – ( )	二重(이동) – ( )
人間(인간) – ( )	全力(전역) – ( )	二世(이세) – ( )
出入(산입) – ( )	力道(력도) – ( )	金氏(금씨) – ( )

✳ 다음 □ 속에 들어갈 알맞은 답을 한자로 쓰세요.

一		三		五
	七			十

❋ 다음 빈칸에 한자漢字를 쓰세요.

小			事		
작을 소	小부 총3획 ㅣ 小 小		일 사	ㅣ부 총8획 一 亏 写 写 事	
小			便		
작을 소	小부 총3획 ㅣ 小 小		똥오줌 변	人부 총9획 亻 亻 佢 便 便	
數			千		
셈 수	攵부 총15획 뮤 婁 數 數 數		일천 천	十부 총3획 ㅅ 二 千	
千			金		
일천 천	十부 총3획 ㅅ 二 千		쇠 금	金부 총8획 人 仐 仐 余 金	
母			女		
어미 모	母부 총5획 ㄴ 母 母 母 母		계집 녀	女부 총3획 ㄑ ㄑ 女	
少			女		
적을 소	小부 총4획 ㅣ 小 小 少		계집 녀	女부 총3획 ㄑ ㄑ 女	

○「便」자와「金」자는 뜻에 따라 소리가 변하는 글자이므로, 독음讀音에 주의!

예1 便安(편안) ▶ (편할 편)(편안 안) 예2 便器(변기) ▶ (똥오줌 변)(그릇 기)

예3 金色(금색) ▶ (쇠   금)(빛   색) 예4 金氏(김씨) ▶ (성   김)(각시 씨)

❋ 다음 한자漢字를 자세히 익혀봅시다.

川 (《부) 총3획 7급	工 (工부) 총3획 7Ⅱ	寸 (寸부) 총3획 8급
내 천	장인 공	마디 촌

❋ 다음 한자어漢字語의 뜻을 익혀봅시다.

山川( ) ▷ ( )( )
　도▶①산과 내. ②자연, 또는 자연의 경치.
　문▶언제나 고향산천을 볼 수 있을지!

大川( ) ▷ ( )( )
　도▶큰 내. 이름난 내.
　문▶명산(名山)대천을 찾아 그림을 그리다.

工場( ) ▷ ( )( )
　도▶기계 등을 사용하여 물건을 만드는 건물.
　문▶공장 안은 언제나 바쁘다.

手工( ) ▷ ( )( )
　도▶손으로 하는 일의 품, 또는 공예.
　문▶재료보다 수공이 훨씬 비싸다.

寸數( ) ▷ ( )( )
　도▶친족간의 멀고 가까운 관계를 나타내는 수.
　문▶두 사람은 촌수가 가깝다.

寸紙( ) ▷ ( )( )
　도▶썩 짧은 편지. 촌찰(寸札). 촌저(寸楮).
　문▶친구에게 급하게 촌지를 띄웠다.

❋ 다음 한자漢字의 뜻訓과 소리音를 쓰세요.

全( )	出( )	世( )	間( )
學( )	重( )	同( )	色( )
生( )	道( )	字( )	老( )

❋ 다음 낱말에 알맞은 한자어를 〈보기〉에서 골라 번호를 쓰세요.

(1) 인간( ) (2) 팔면( ) (3) 남북( ) (4) 동서( ) (5) 구족( ) (6) 노인( )	보기 ▷ ①九族 ②東四 ③南北 ④老人 ⑤人間 ⑥八面 ⑦人間 ⑧東西

❈ 다음 빈칸에 한자漢字를 쓰세요.

山		川	
메 산	山부 총3획 ㅣ 凵 山	내 천	巛부 총3획 丿 刂 川
大		川	
큰 대	大부 총3획 一 ナ 大	내 천	巛부 총3획 丿 刂 川
工		場	
장인 공	工부 총3획 一 丁 工	마당 장	土부 총12획 土 坷 坍 場 場
手		工	
손 수	手부 총4획 ㇒ ㇒ 三 手	장인 공	工부 총3획 一 丁 工
寸		數	
마디 촌	寸부 총3획 一 十 寸	셈 수	攵부 총15획 昌 婁 婁 數 數
寸		紙	
마디 촌	寸부 총3획 一 十 寸	종이 지	糸부 총10획 糸 糸 紅 紙 紙

 도 움 글

○ 혼동하기 쉬운 한자 ☞ 모양이 비슷하여 혼동하기 쉬운 한자!

예1 **手**(손　수) ≠ **毛**(털　모)　　예2 **力**(힘　력) ≠ **刀**(칼　도)

예3 **大**(큰 대) ≠ **太**(클 태)　　예4 **母**(어미 모) ≠ **每**(매양 매)

예5 **木**(나무 목) ≠ **水**(물 수)　　예6 **夫**(지아비 부) ≠ **天**(하늘 천)

✿ 다음 한자漢字를 자세히 익혀봅시다.

山 (山부) 총3획 8급	上 (一부) 총3획 7Ⅱ	三 (一부) 총3획 8급
메 산	윗 상	석 삼

✿ 다음 한자어漢字語의 뜻을 익혀봅시다.

登山(　　　) ▷ (　　　)(　　　)
　图▷산에 오름. 땐하산(下山).
　用 일요일마다 등산하며 몸과 마음을 단련한다.

上下(　　　) ▷ (　　　)(　　　)
　图▷① 위와 아래. 위아래. ② 높고 낮음.
　用 상하 구별 없이 모두 회의에 참석하세요.

三寸(　　　) ▷ (　　　)(　　　)
　图▷① 세 치. ② 아버지의 형제.
　用 삼촌께서 결혼하면 숙부(叔父)라고 부른다.

江山(　　　) ▷ (　　　)(　　　)
　图▷① 강과 산. ② 자연의 경치.
　用 삼천리 금수(錦繡)강산을 보존하세.

祖上(　　　) ▷ (　　　)(　　　)
　图▷할아버지 이상의 대대의 어른.
　用 조상 대대로 살아온 이 땅에서….

三秋(　　　) ▷ (　　　)(　　　)
　图▷① 가을의 석 달 동안. ② 긴 세월.
　用 하루가 삼추같다.

✿ 다음 한자어漢字語의 독음讀音을 쓰세요.

三角(　　) 　三重(　　) 　工學(　　) 　人工(　　)

工業(　　) 　工夫(　　) 　竹工(　　) 　三千里(　　)

草家三間(　　) 　木工(　　) 　入山(　　)

上水道(　　) 　天上天下(　　) 　家業(　　)

─[도움한자]─

角(뿔　각 : 角-총 7획) 　重(무거울 중 : 里-총 9획) 　學(배울 학 : 子-총16획)

業(업　업 : 木-총13획) 　里(마을 리 : 里-총 7획) 　竹(대　죽 : 竹-총 6획)

家(집　가 : 宀-총10획) 　間(사이　간 : 門-총12획) 　草(풀　초 : 艸-총10획)

한자능력검정 **7**급(**7**Ⅱ·**8**급 포함)

❋ 다음 빈칸에 한자漢字를 쓰세요.

登			山		
오를 등	癶부 총12획 ⺈ ⺈ 癶 癶 登		메 산	山부 총3획 ⎮ 山 山	
江			山		
강 강	水부 총6획 丶 氵 氵 江 江		메 산	山부 총3획 ⎮ 山 山	
上			下		
윗 상	一부 총3획 ⎮ 卜 上		아래 하	一부 총3획 一 丁 下	
祖			上		
할아비 조	示부 총10획 ラ ネ ネ 祖 祖		윗 상	一부 총3획 ⎮ 卜 上	
三			寸		
석 삼	一부 총3획 一 二 三		마디 촌	寸부 총3획 一 寸 寸	
三			秋		
석 삼	一부 총3획 一 二 三		가을 추	禾부 총9획 二 禾 禾 秒 秋	

○「祖」자의 부수인 「示」자는 총 5획이지만 보통 쓸 때는 「礻」자와 같이 「4획」으로 씁니다.

○「上」자의 필순은 위의 방법과 다르게 쓸 수도 있습니다. ☞ ⎮ 卜 上 / 一 卜 上

○「上下」는 뜻이 서로 상대되는 한자로 결합된 한자어입니다.

❀ 다음 한자漢字를 자세히 익혀봅시다.

土 (土부) 총3획 8급	口 (口부) 총3획 7급	夕 (夕부) 총3획 7급
흙 토	입 구	저녁 석

❀ 다음 한자어漢字語의 뜻을 익혀봅시다.

農土 (   ) ▷ (   )(   )
도▶ 농지(農地). 농사를 짓는 데 쓰이는 땅.
예▶ 우리의 농토를 보존해야 한다.

食口 (   ) ▷ (   )(   )
도▶ 같은 집에서 끼니를 함께 하며 사는 사람.
식솔(食率). 예▶ 온 식구가 한자리에 모였다.

朝夕 (   ) ▷ (   )(   )
도▶ 아침과 저녁. ※朝▷6급
예▶ 선현이는 조석으로 부모님께 문안인사를
드린다.

土地 (   ) ▷ (   )(   )
도▶ ① 땅과 흙. ② 토양. 토질.
예▶ 기름진 토지에서 농사를 지으며 살고
싶다.

人口 (   ) ▷ (   )(   )
도▶ 일정한 지역에 사는 사람의 수.
예▶ 도시의 인구가 심각하게 증가되고 있다.

秋夕 (   ) ▷ (   )(   )
도▶ 한가위. 음력 팔월 보름날. 중추절.
예▶ 추석 명절에는 온가족이 모인다.

❀ 다음 글을 읽고 밑줄 친 한자어漢字語의 독음讀音을 쓰세요.

     옛날의 탈것으로는 사람이 직접 들거나 끄는 가마와 人力車[1]가 있고, 여러 사람이
타는 것으로는 馬車[2]가 있었습니다. 요즘에는 혼자 타는 자전거와 오토바이가 있고,
여러 사람이 탈 수 있는 自動車[3]와 기차가 있습니다.
     작은 자동차에는 自家用[4]으로 쓰이는 승용차와 택시가 있고, 큰 자동차에는 市內[5]
버스와 市外[6] 버스, 고속버스가 있고, 짐을 실어 나르는 트럭이 있습니다.

(1)	(2)	(3)	(4)	(5)	(6)

✸ 다음 빈칸에 한자漢字를 쓰세요.

農			土		
농사 농	辰부 총13획	曲 严 農 農 農	흙 토	土부 총3획	一 十 土
土			地		
흙 토	土부 총3획	一 十 土	땅[따]지	土부 총6획	十 土 圹 地 地
食			口		
먹을 식	食부 총9획	今 全 食 食 食	입 구	口부 총3획	丨 冂 口
人			口		
사람 인	人부 총2획	丿 人	입 구	口부 총3획	丨 冂 口
朝			夕		
아침 조	月부 총12획	古 車 車 朝 朝	저녁 석	夕부 총3획	丿 勹 夕
秋			夕		
가을 추	禾부 총9획	二 禾 利 秒 秋	저녁 석	夕부 총3획	丿 勹 夕

✸ 다음 훈과 음에 알맞은 한자를 〈보기〉에서 골라 번호를 쓰세요.

⑴ 무거울 중( ) ⑵ 마을 리( ) ⑶ 편할 편( )	보기	① 便 ② 數 ③ 重
⑷ 인간 세( ) ⑸ 저녁 석( ) ⑹ 셈 수( )		④ 夕 ⑤ 里 ⑥ 世

❋ 다음 한자漢字를 자세히 익혀봅시다.

大 (大부) 총3획 8급	下 (一부) 총3획 7II	子 (子부) 총3획 7II
큰 대	아래 하	아들 자

❋ 다음 한자어漢字語의 뜻을 익혀봅시다.

大小( ) ▷ ( )( )
　도 ▶ 크고 작음. 큰 것과 작은 것.
　례 일의 대소를 가릴 것 없이 열심히 하자.

下車( ) ▷ ( )( )
　도 ▶ 승객이 차에서 내림.
　례 도중에 하차하다.

子弟( ) ▷ ( )( )
　도 ▶ 남을 높이어 그의 아들을 일컫는 말.
　례 자제들이 훌륭하게 자랐군요!

重大( ) ▷ ( )( )
　도 ▶ 가볍게 여길 수 없을 만큼 아주 중요함.
　례 중대한 책임이 있다.

下校( ) ▷ ( )( )
　도 ▶ 학교에서 공부를 마치고 돌아옴.
　반 등교(登校). 례 하교하는 길에 친구를 만났다.

子女( ) ▷ ( )( )
　도 ▶ 아들과 딸.
　례 부모는 자녀교육에 늘 고민이 많다.

❋ 다음 한자의 뜻과 서로 반대되는 한자를 아래에서 찾아 쓰세요.

上 ↔ ( )　　江 ↔ ( )　　左 ↔ ( )

內 ↔ ( )　　手 ↔ ( )　　兄 ↔ ( )

─ [도움한자] ───────────────
足(발　　족 : 足-총7획)　　　右(오른 우 : 口-총5획)　　　山(메　　산 : 山-총3획)
弟(아우　제 : 弓-총7획)　　　外(바깥 외 : 夕-총5획)　　　下(아래　하 : 一-총3획)
中(가운데 중 : ㅣ-총4획)　　　川(내　　천 : 巛-총3획)　　　入(들　　입 : 入-총2획)

 도 움 글

　○ 서로 상대, 또는 반대되는 한자
　　예1 **大**(큰 대) ↔ **小**(작을 소)　예2 **多**(많을 다) ↔ **少**(적을 소)　예3 **老**(늙을 로) ↔ **少**(젊을 소)

❂ 다음 빈칸에 한자漢字를 쓰세요.

大			小		
큰 대	大부 총3획　一 ナ 大		작을 소	小부 총3획　亅 小 小	
重			大		
무거울 중	里부 총9획　一 亡 盲 重 重		큰 대	大부 총3획　一 ナ 大	
下			車		
아래 하	一부 총3획　一 丁 下		수레 차	車부 총7획　冂 亖 冃 亘 車	
下			校		
아래 하	一부 총3획　一 丁 下		학교 교	木부 총10획　木 栌 栌 栌 校	
子			弟		
아들 자	子부 총3획　乛 了 子		아우 제	弓부 총7획　丷 丷 弚 弟 弟	
子			女		
아들 자	子부 총3획　乛 了 子		계집 녀	女부 총3획　乚 夊 女	

도움글

○「下校」 ↔ 「登校」 ☞ '하교'는 '등교'와 뜻이 서로 상대되는 상대(반대)어입니다.

'下校'는 '옛날에는 학교가 언덕에 있었기 때문에 공부를 마치면 언덕에서 내려온다.'
는 뜻에서 생긴 말입니다.

◈ 다음 한자漢字를 자세히 익혀봅시다.

水 (水부) 총4획 8급	手 (手부) 총4획 7Ⅱ	心 (心부) 총4획 7급
물　수	손　수	마음 심

◈ 다음 한자어漢字語의 뜻을 익혀봅시다.

水草(　　　) ▷ (　　　)(　　　)
　도▸물풀.
　활▸호수에는 수초들이 자라고 있다.

水平(　　　) ▷ (　　　)(　　　)
　도▸잔잔한 수면처럼 평평한 모양.
　활▸비행기는 수평을 유지하고 있다.

手記(　　　) ▷ (　　　)(　　　)
　도▸자기의 체험을 자신이 적은 글.
　활▸청소년 수기 공모(公募)에 출품하다.

自手(　　　) ▷ (　　　)(　　　)
　도▸① 자기의 손. ② 자기 혼자의 노력이
　나 힘. 활▸일찍이 자수성가(成家)하다.

安心(　　　) ▷ (　　　)(　　　)
　도▸근심 걱정이 없이 마음을 놓음.
　활▸안심하셔도 괜찮습니다.

中心(　　　) ▷ (　　　)(　　　)
　도▸한가운데. 한복판. 가장 중요한 역할
　을 하는 곳. 활▸몸의 중심을 잡다.

◈ 다음 중 설명이 맞는 것은 O표, 틀린 것은 ×표 하세요.

(1) 「安」자의 총획수는 6획이며, 부수(部首)는 「女」자이다. ····················· (　)
(2) 「中」자는 「丨(뚫을 곤)」자를 맨 먼저 쓴다. ····························· (　)
(3) 「車」자는 「차」, 또는 「거」로 발음하는 글자이다. ··················· (　)
(4) 「水」자는 부수로 쓰일 때에는 「氵=氺」으로 모양이 변하기도 한다. ·· (　)
(5) 「大」자의 뜻에 반대되는 글자는 「少」자이다. ····················· (　)

○「手」자는 첫 획은 「ノ」획으로, 아래는 「二」획으로 쓴 다음, 맨 나중에 「亅」획을 씁니다.

○「水」자와 같이 가운데를 중심으로 왼쪽과 오른쪽의 모양이 같은 글자는 가운데 획을 먼저 쓴 다음, 왼쪽을 쓰고 오른쪽을 나중에 씁니다.

다음 빈칸에 한자漢字를 쓰세요.

水				草			
물 수	水부 총4획 丨 刁 水 水			풀 초	艸부 총10획 艹 艹 节 苜 苴 草		
水				平			
물 수	水부 총4획 丨 刁 水 水			평평할 평	干부 총5획 一 丅 丌 立 平		
手				記			
손 수	手부 총4획 一 二 三 手			기록할 기	言부 총10획 亠 言 訁 訂 記		
自				手			
스스로 자	自부 총6획 ′ 亻 白 自 自			손 수	手부 총4획 一 二 三 手		
安				心			
편안 안	宀부 총6획 丶 宀 安 安 安			마음 심	心부 총4획 丶 心 心 心		
中				心			
가운데 중	丨부 총4획 丶 口 口 中			마음 심	心부 총4획 丶 心 心 心		

다음 훈과 음에 알맞은 한자를 〈보기〉에서 골라 번호를 쓰세요.

(1) 마당 장(　　)	(2) 오를 등(　　)	(3) 할아비 조(　　)	〈보기〉 ① 祖 ② 秋 ③ 場
(4) 종이 지(　　)	(5) 마디 촌(　　)	(6) 가을 추(　　)	④ 紙 ⑤ 登 ⑥ 寸

❀ 다음 한자漢字를 자세히 익혀봅시다.

六 (八부) 총4획 8급	午 (十부) 총4획 7Ⅱ	文 (文부) 총4획 7급
여섯 륙 · 육	낮 오	글월 문

❀ 다음 한자어漢字語의 뜻을 익혀봅시다.

六月 (   ) ▷ (   )(   )
　토▶한 해의 여섯째 달.
　⊞ 유월 육일은 현충일입니다.

午前 (   ) ▷ (   )(   )
　토▶밤 열두 시부터 낮 열두 시까지의 사이.
　상오(上午). ⊞ 오전 중에 만나자!

文學 (   ) ▷ (   )(   )
　토▶정서와 사상을 상상의 힘을 빌려 문자로
　나타내는 예술 및 그 작품. ⊞ 문학작품.

六寸 (   ) ▷ (   )(   )
　토▶① 여섯 치. ② 사촌의 아들 딸.
　⊞ 육촌 동생을 만나다.

正午 (   ) ▷ (   )(   )
　토▶낮 열두 시.
　⊞ 정오를 알리는 종소리가 울리다.

文字 (   ) ▷ (   )(   )
　토▶글자. 예로부터 전하여 오는 문구.
　⊞ 문자깨나 안다고 으스댄다.

❀ 다음 밑줄 친 낱말에 알맞은 한자어漢字語를 〈보기〉에서 찾아 번호를 쓰세요.

① 운동장(   )⁽¹⁾에는 학생(   )⁽²⁾ 오륙(   )⁽³⁾명이 모여 놀고 있다.

② 일요일에 온 가족(   )⁽⁴⁾이 농장(   )⁽⁵⁾ 구경을 갔다.

③ 위인전이 상중하(   )⁽⁶⁾로 나누어 만화로 엮어져서 읽기가 편하다.

④ 우리나라를 '동방(   )⁽⁷⁾의 예의 바른 나라'라고 합니다.

⑤ 이 세상(   )⁽⁸⁾에서 가장 아름다운 것을 간직하고 있습니다.

▶ 보기 ◀

① 家族　② 上中下　③ 世上　④ 東方　⑤ 學生　⑥ 運動場　⑦ 五六　⑧ 農場

✳ 다음 빈칸에 한자漢字를 쓰세요.

六			月		
여섯 륙/유	八부 총4획	`丶一六六`	달 월	月부 총4획	`丿 月 月 月`
六			寸		
여섯 륙/육	八부 총4획	`丶一六六`	마디 촌	寸부 총3획	`一 寸 寸`
午			前		
낮 오	十부 총4획	`丿 ノ 二 午`	앞 전	刀부 총9획	`丷 丷 丷 前 前 前`
正			午		
바를 정	止부 총5획	`一 丁 下 正 正`	낮 오	十부 총4획	`丿 ノ 二 午`
文			學		
글월 문	文부 총4획	`丶一ナ文`	배울 학	子부 총16획	`丨 臼 臼 學 學`
文			字		
글월 문	文부 총4획	`丶一ナ文`	글자 자	子부 총6획	`丶宀宀字字`

✳ 다음 훈과 음에 알맞은 한자를 〈보기〉에서 골라 번호를 쓰세요.

(1) 농사 농(　　) (2) 학교 교(　　) (3) 손　수(　　) (4) 아침 조(　　) (5) 아우 제(　　) (6) 풀　초(　　)	보기 ① 朝 ② 弟 ③ 草 ④ 農 ⑤ 校 ⑥ 手

다음 한자漢字를 자세히 익혀봅시다.

五 (二부) 총4획 8급	夫 (大부) 총4획 7급	王 (玉부) 총4획 8급
다섯 오	지아비 부	임금 왕

다음 한자어漢字語의 뜻을 익혀봅시다.

五方(　　　) ▷ (　　　　)(　　　　)

도 ▸ 동(東)·서(西)·남(南)·북(北)과 중앙. 사방(四方)과 중앙. 다섯 방위.

農夫(　　　) ▷ (　　　　)(　　　　)

도 ▸ 농업(農業)에 종사하는 사람.

예 농부들이 모내기를 하고 있다.

王室(　　　) ▷ (　　　　)(　　　　)

도 ▸ 왕의 집안. 왕가(王家).

예 왕실의 법도는 엄격하였다.

五色(　　　) ▷ (　　　　)(　　　　)

도 ▸ 청(靑)·황(黃)·적(赤)·백(白)·흑(黑)의 다섯 가지 색.

人夫(　　　) ▷ (　　　　)(　　　　)

도 ▸ 막벌이꾼. 인정(人丁).

예 인부들이 공사장에서 일을 하고 있다.

王國(　　　) ▷ (　　　　)(　　　　)

도 ▸ ① 임금이 다스리는 나라. ② '하나의 큰 세력을 이루고 있는 조직'을 이르는 말.

다음 한자어漢字語의 독음讀音을 쓰세요.

五六月(　　　　)	北漢山(　　　　)	電車(　　　　)	萬世(　　　　)
力不足(　　　　)	自動車(　　　　)	山林(　　　　)	大夫(　　　　)

[도움한자]

六(여섯 륙 : 八-총 4획)	世(인간 세 : 一-총 5획)	漢(한수 한 : 水-총14획)
電(번개 전 : 雨-총13획)	市(저자 시 : 巾-총 5획)	足(발 족 : 足-총 7획)
自(스스로 자 : 自-총 6획)	動(움직일 동 : 力-총11획)	林(수풀 림 : 木-총 8획)

도움글

- 「六」자는 「月」자 앞에서는 「뉴」 또는 「유」로 읽고 적습니다.
- 「不」자는 「ㄷ」이나 「ㅈ」으로 시작하는 명사 앞에 붙어서는 「부」로 읽고 적습니다.

✺ 다음 빈칸에 한자漢字를 쓰세요.

五			方		
다섯 오	二부 총4획	一丁五五	모 방	方부 총4획	丶亠方方
五			色		
다섯 오	二부 총4획	一丁五五	빛 색	色부 총6획	ク夕夂乃色
農			夫		
농사 농	辰부 총13획	曲严農農農	지아비 부	大부 총4획	一二夫夫
人			夫		
사람 인	人부 총2획	ノ人	지아비 부	大부 총4획	一二夫夫
王			室		
임금 왕	玉부 총4획	一二千王	집 실	宀부 총9획	宀宀室室室
王			國		
임금 왕	玉부 총4획	一二千王	나라 국	囗부 총11획	冂匡國國國

🍦 도움글

○ 「色」자는 「빛, 낯빛, 색깔」 등의 뜻으로 쓰이는 글자로, 여기에서 「낯빛」은 「얼굴빛」 을 뜻하는 말입니다.

○ 「方」자는 「모(서리), 방향, 바야흐로, 방법」 등의 여러 가지 뜻으로 쓰이는 글자입니다.

❀ 다음 한자漢字를 자세히 익혀봅시다.

不 (一부) 총4획 7Ⅱ	月 (月부) 총4획 8급	火 (火부) 총4획 8급
아닐 불	달 월	불 화

❀ 다음 한자어漢字語의 뜻을 익혀봅시다.

不平(　　　) ▷ (　　　　)(　　　)
圖▶ 못마땅하게 여기거나, 그것을 말이나 행동으로 나타냄. 旺 불평을 늘어놓다.

不孝(　　　) ▷ (　　　　)(　　　)
圖▶ 효도를 하지 아니함. 맨 孝.
旺 불효가 막심한 자식 같으니…!

月出(　　　) ▷ (　　　　)(　　　)
圖▶ 달이 떠오름.
旺 월출봉에 오르다.

日月(　　　) ▷ (　　　　)(　　　)
圖▶ ① 해와 달. ② '날과 달'의 뜻으로, '세월'을 이르는 말.

火山(　　　) ▷ (　　　　)(　　　)
圖▶ 땅 속의 마그마가 밖으로 터져 나와 퇴적하여 이루어진 산. 旺 화산지대 탐방.

火氣(　　　) ▷ (　　　　)(　　　)
圖▶ ① 불기운. ② 가슴이 답답해지는 기운.
③ 몹시 노한 기운.

❀ 다음 밑줄 친 말의 뜻을 가진 한자漢字를 아래의 〈보기〉에서 찾아 쓰세요.

(1) 동산에는 꽃이 피고 새가 날아다닙니다. ························· 꽃 - (　　　　)
(2) 방문을 열고 밖으로 나와 보았습니다. ························· 밖 - (　　　　)
(3) 맑은 물이 흐르는 개울이 있었습니다. ························· 물 - (　　　　)

▶ 보기 ◀

內(안 　 내 : 入-총4획)　　花(꽃 　 화 : 艹-총8획)　　火(불 　 화 : 火-총4획)

木(나무 목 : 木-총4획)　　外(바깥 외 : 夕-총5획)　　水(물 　 수 : 水-총4획)

○「不」자의 훈음訓音은 「아닐 불」이지만 「不」자 뒤에 오는 낱말이 「ㄷ, ㅈ, ㅅ」으로 시작되면 「부」라고 발음합니다.

예 부동(不同) ▷ 서로 같지 않음. 旺 그는 겉과 속이 부동한 사람이다.

※ 다음 빈칸에 한자漢字를 쓰세요.

不		平	
아닐 불	一부 총4획 一フオ不	평평할 평	干부 총5획 一一万平平
不		孝	
아닐 불	一부 총4획 一フオ不	효도 효	子부 총7획 十土耂考孝
月		出	
달 월	月부 총4획 ノ刀月月	날 출	山부 총5획 丨屮屮出出
日		月	
날 일	日부 총4획 丨冂日日	달 월	月부 총4획 ノ刀月月
火		山	
불 화	火부 총4획 丶丷少火	메 산	山부 총3획 丨山山
火		氣	
불 화	火부 총4획 丶丷少火	기운 기	气부 총10획 气気氜氣氣

※ 다음 낱말에 알맞은 한자어를 〈보기〉에서 골라 번호를 쓰세요.

(1) 왕국(　　)	(2) 유월(　　)	(3) 수평(　　)	〈보기〉 ① 午全 ② 五色 ③ 手平 ④ 自手
(4) 오색(　　)	(5) 오전(　　)	(6) 자수(　　)	⑤ 水平 ⑥ 王國 ⑦ 午前 ⑧ 六月

❋ 다음 한자漢字를 자세히 익혀봅시다.

日 (日부) 총4획 8급	方 (方부) 총4획 7II	內 (入부) 총4획 7II
날 일	모 방	안 내

❋ 다음 한자어漢字語의 뜻을 익혀봅시다.

休日(　　　) ▷ (　　　　)(　　　　)
　　도▸ 일을 하지 않고 쉬는 날.
　　用▸ 휴일마다 나들이 인파가 늘고 있다.

四方(　　　) ▷ (　　　　)(　　　　)
　　도▸ ①동·서·남·북의 네 방향. ②둘레의
　　모든 방향. 用▸ 연기가 사방으로 퍼지다.

內外(　　　) ▷ (　　　　)(　　　　)
　　도▸ ①안과 밖. 안팎. ②부부(夫婦).
　　用▸ 주인 내외는 행복해 보였다.

來日(　　　) ▷ (　　　　)(　　　　)
　　도▸ 오늘의 바로 다음 날. 명일(明日).
　　用▸ 오늘 할 일을 내일로 미루지 말자.

方道(　　　) ▷ (　　　　)(　　　　)
　　도▸ 일을 하여 갈 방법과 도리.
　　用▸ 이번 일을 처리할 방도를 생각해 봐!

室內(　　　) ▷ (　　　　)(　　　　)
　　도▸ ①방안. 집안. 用▸ 실내 경기장. ②남
　　의 '아내'를 점잖게 이르는 말.

❋ 다음 한자어漢字語의 독음讀音을 쓰세요.

不安(　　)	不正(　　)	不足(　　)	平民(　　)	正月(　　)
火口(　　)	火力(　　)	火食(　　)	火車(　　)	火氣(　　)

[도움한자]
安(편안 안 : 宀-총 6획)　　　正(바를 정 : 止-총 5획)　　　足(발　족 : 足-총 7획)
民(백성 민 : 氏-총 5획)　　　食(먹을 식 : 食-총 9획)　　　氣(기운 기 : 气-총10획)

 도움글

　○ 「來日」에서 「來」자의 훈訓과 음音은 「올 래」이지만 두음법칙에 의해 「내」로 발음합니다.
　○ **두음법칙** : 낱말의 첫 음절에 「ㄴ」이나, 「ㄹ」이 왔을 때, 「ㄴ→ㅇ, ㄹ→ㄴ, ㄹ→ㅇ」
　　으로 변하는 법칙을 말합니다.
　　예1 年老(년로) ⇒ (연로)　　　예2 女子(녀자) ⇒ (여자)　　　예3 力道(력도) ⇒ (역도)

❀ **다음 빈칸에 한자漢字를 쓰세요.**

休			日		
쉴 휴	人부 총6획	亻 亻 什 休 休	날 일	日부 총4획	丨 冂 日 日
來			日		
올 래/내	人부 총8획	一 쯔 夾 來 來	날 일	日부 총4획	丨 冂 日 日
四			方		
넉 사	口부 총5획	丨 冂 冂 四 四	모 방	方부 총4획	丶 一 亐 方
方			道		
모 방	方부 총4획	丶 一 亐 方	길 도	辵부 총13획	丷 䒑 首 首 道
內	内		外		
안 내	入부 총4획	丨 冂 内 内	바깥 외	夕부 총5획	丿 勹 夕 列 外
室			內		
집 실	宀부 총9획	宀 宀 宲 宲 室	안 내	入부 총4획	丨 冂 内 内

🍚 도움글

○「**內外**」▷ (안   내)(바깥 외) ☞ '내외'는 서로 반대되는 한자로 결합된 반의어로 '① 안과 밖. ② 남녀 사이에 얼굴을 대하지 않고 피함. ③ 아내와 남편. 부부. ④ 그에 가까움 또는 그 차이' 등의 다양한 의미로 사용되는 한자어입니다.

✽ 다음 한자漢字를 자세히 익혀봅시다.

少 (小부) 총4획 7급	中 (丨부) 총4획 8급	父 (父부) 총4획 8급
적을 소	가운데 중	아비 부

✽ 다음 한자어漢字語의 뜻을 익혀봅시다.

老少(　　　) ▷ (　　　)(　　　)
　도▶ 늙은이와 젊은이.
　례▶ 노소를 가리지 않고 환영합니다.

少時(　　　) ▷ (　　　)(　　　)
　도▶ 어렸을 적. 젊었을 적.
　례▶ 소시에 총명하다고 들었는데….

空中(　　　) ▷ (　　　)(　　　)
　도▶ 하늘과 지구 사이의 빈 곳.
　례▶ 풍선을 공중에 매달아 알리다.

中間(　　　) ▷ (　　　)(　　　)
　도▶ ①두 사물이나 현상의 사이. ②중앙.
　례▶ 중간고사를 치르다.

父母(　　　) ▷ (　　　)(　　　)
　도▶ 아버지와 어머니. 어버이. 양친(兩親).
　례▶ 낳아주고 길러주신 부모님의 은혜.

祖父(　　　) ▷ (　　　)(　　　)
　도▶ 할아버지.
　례▶ 아침마다 온 가족이 조부님께 인사드린다.

✽ 다음 낱말의 뜻에 해당하는 한자어를 아래의 〈보기〉에서 찾아 쓰세요.

(1) 엿새 ……… (　　　)	(4) 할머니 ……… (　　　)	(7) 사흘 ……… (　　　)
(2) 외할아버지 ·· (　　　)	(5) 외할머니 …… (　　　)	(8) 이레 ……… (　　　)
(3) 할아버지 …… (　　　)	(6) 나흘 ……… (　　　)	(9) 그믐 ……… (　　　)

▶ 보기 ◀

外祖母　二十九日　祖父　六日　外祖父　四日　祖母　三日　七日

 도 움 글

○ 「少」자의 훈訓과 음音은 「적을 소, 젊을 소」입니다. 여기에서 「적을」의 뜻은 「물건의 양(量)이 적다(○)」입니다. 「글씨를 적다(×)」로 혼동하기 쉬우니 주의!
　예1 空(빌 공) ☞ 비다(○), 빌다(×)　예2 入(들 입) ☞ 들어오다(○), 들판(×)

✳ 다음 빈칸에 한자漢字를 쓰세요.

老			少		
늙을 로/노	老부 총6획 ㅣ 土 耂 耂 老 老		젊을 소	小부 총4획 ⅃ ⅃ 小 少	
少			時		
적을 소	小부 총4획 ⅃ ⅃ 小 少		때 시	日부 총10획 日 日ㅓ 旷 時 時	
空			中		
빌 공	穴부 총8획 宀 宀 空 空 空		가운데 중	ㅣ부 총4획 丶 口 口 中	
中			間		
가운데 중	ㅣ부 총4획 丶 口 口 中		사이 간	門부 총12획 𝌂 𝌂 門 門 間	
父			母		
아비 부	父부 총4획 ㅓ ㅏ ㅏ 父		어미 모	母부 총5획 ㄴ 므 므 므 母	
祖			父		
할아비 조	示부 총10획 ㄱ ㅓ ㅓ 祖 祖		아비 부	父부 총4획 ㅓ ㅏ ㅏ 父

✳ 다음 낱말에 알맞은 한자어를 〈보기〉에서 골라 번호를 쓰세요.

(1) 농부( ) (2) 내일( ) (3) 이중( )	보기	① 二重 ② 下平 ③ 力道 ④ 內外
(4) 불평( ) (5) 내외( ) (6) 역도( )		⑤ 來日 ⑥ 內日 ⑦ 不平 ⑧ 農夫

❀ 다음 한자漢字를 자세히 익혀봅시다.

天 (大부) 총4획 7급	木 (木부) 총4획 8급	北 (匕부) 총5획 8급
하늘 천	나무 목	북녘 북

❀ 다음 한자어漢字語의 뜻을 익혀봅시다.

靑天(　　　) ▷ (　　　)(　　　)
　도▶ 푸른 하늘. 청공(靑空).
　뜻▶ 청천 하늘에 날벼락.

天地(　　　) ▷ (　　　)(　　　)
　도▶ ①하늘과 땅. ②세상. 우주. ③'무척 많음'을 이르는 말. 뜻▶ 먹을 것이 천지다.

木工(　　　) ▷ (　　　)(　　　)
　도▶ 나무를 다루어 물건을 만드는 일.
　뜻▶ 현진이는 학교에서 목공기술을 배운다.

木花(　　　) ▷ (　　　)(　　　)
　도▶ 섬유 자원으로 재배하는 농작물.[섬유는 실이나 피륙의 원료가 됨] 뜻▶ 목화농장.

北上(　　　) ▷ (　　　)(　　　)
　도▶ 북쪽으로 올라감.
　뜻▶ 장마전선이 북상하고 있다고 한다.

北方(　　　) ▷ (　　　)(　　　)
　도▶ ①북쪽. ②북녘. ③북쪽지방. 반▶ 남방(南方). 뜻▶ 북방 민족.

❀ 다음 한자어漢字語의 독음讀音을 쓰세요.

天空(　)	天命(　)	天民(　)	天主(　)	先天(　)
木手(　)	老木(　)	來日(　)	老兄(　)	外面(　)
江北(　)	南北(　)	北方(　)	植木(　)	父子(　)
五里(　)	少長(　)	少年(　)	年少(　)	子女(　)

 도움글

○「天地(천지)」와 같이, 뜻이 서로 반대되는 글자로 이루어진 반대자反對字를 알아봅시다.
예1 上下(상하) ▶ (윗　상)(아래 하)　　예2 出入(출입) ▶ (날　출)(들　입)
예3 大小(대소) ▶ (큰　대)(작을 소)　　예4 兄弟(형제) ▶ (형　형)(아우 제)

✿ 다음 빈칸에 한자漢字를 쓰세요.

靑		天	
푸를 청	靑부 총8획 = ‡ 圭 靑 靑	하늘 천	大부 총4획 一 二 チ 天
天		地	
하늘 천	大부 총4획 一 二 チ 天	땅[따] 지	土부 총6획 ‡ ‡ ‡ 圵 圳 地
木		工	
나무 목	木부 총4획 一 十 才 木	장인 공	工부 총3획 一 丁 工
木		花	
나무 목	木부 총4획 一 十 才 木	꽃 화	艸부 총8획 ‡ 艹 艻 花 花
北		上	
북녘 북	ヒ부 총5획 丿 丬 ‡ ‡ 北	윗 상	一부 총3획 丨 上 上
北		方	
북녘 북	ヒ부 총5획 丿 丬 ‡ ‡ 北	모 방	方부 총4획 丶 一 亓 方

✿ 다음 낱말에 알맞은 한자어를 〈보기〉에서 골라 번호를 쓰세요.

(1) 공장( ) (2) 국력( ) (3) 추석( )	〈보기〉 ① 手工 ② 國力 ③ 天地 ④ 工長
(4) 천지( ) (5) 소변( ) (6) 수공( )	⑤ 小便 ⑥ 工場 ⑦ 少便 ⑧ 秋夕

✡ 다음 한자漢字를 자세히 익혀봅시다.

外 (夕부) 총5획 8급	右 (口부) 총5획 7Ⅱ	兄 (儿부) 총5획 8급
바깥 외	오른 우	형 형

✡ 다음 한자어漢字語의 뜻을 익혀봅시다.

海外 ( ) ▷ ( )( )
　도▶ 바다의 밖, 곧 외국(外國).
　⬚ 해외 동포를 위문(慰問) 공연(公演)하다.

外家 ( ) ▷ ( )( )
　도▶ 어머니의 친정(親庭).
　⬚ 방학에는 외가에 놀러가곤 한다.

左右 ( ) ▷ ( )( )
　도▶ 왼쪽과 오른쪽. 곁, 또는 옆.
　⬚ 좌우를 살피다.

右便 ( ) ▷ ( )( )
　도▶ 오른쪽. 반 좌편(左便).
　⬚ 우편이 좌편보다 훨씬 무거워 보인다.

學兄 ( ) ▷ ( )( )
　도▶ 학우(學友)나 학문상의 선후배끼리 서로
　높여 일컫는 말. ⬚ 학형 홍길동께…

兄夫 ( ) ▷ ( )( )
　도▶ 언니의 남편.
　⬚ 형부는 아버지를 장인이라고 부른다.

✡ 다음 한자가 뜻하는 것을 〈보기〉에서 골라 그 번호를 쓰세요.

生( )　萬( )　內( )　國( )　東( )　年( )

┌─ ▶ 보기 ◀ ─────────────────────────────
① '대문의 모양'을 본뜬 글자
② '나무에 해가 걸린 모양'을 본뜬 글자
③ '태양의 모습'을 본뜬 글자
④ '낳다'의 뜻으로 쓰이는 글자
⑤ '땅의 구역'을 나타낸 글자
⑥ '안으로 들어가다'는 뜻을 지닌 글자
⑦ '나무의 모양'을 본뜬 글자
⑧ '일년, 나이' 등의 뜻을 지닌 글자
⑨ '사람의 모양'을 본뜬 글자
⑩ '일만, 많다' 등의 뜻을 지닌 글자

 도 움 글

○ 필순(筆順)에 주의
　☞ 「左」자는 「一」자를 먼저 쓰고, 「右」자는 「丿」자를 먼저 씁니다.

◈ 다음 빈칸에 한자漢字를 쓰세요.

海			外		
바다 해	水부 총10획	氵汇海海海	바깥 외	夕부 총5획	ノ ク タ 列 外
外			家		
바깥 외	夕부 총5획	ノ ク タ 列 外	집 가	宀부 총10획	宁宇家家家
左			右		
왼 좌	工부 총5획	一ナナ左左	오른 우	口부 총5획	ノナ ナ右右
右			便		
오른 우	口부 총5획	ノナ ナ右右	편할 편	人부 총9획	亻 亻 佢 便便
學			兄		
배울 학	子부 총16획	丆 臼 臼 學 學	형 형	儿부 총5획	丶口口尸兄
兄			夫		
형 형	儿부 총5획	丶口口尸兄	지아비 부	大부 총4획	一二夫夫

◈ 다음 훈과 음에 알맞은 한자를 〈보기〉에서 골라 번호를 쓰세요.

(1) 집 실( ) (2) 기운 기( ) (3) 모 방( )	〈보기〉 ①方 ②色 ③室
(4) 빛 색( ) (5) 효도 효( ) (6) 빌 공( )	④空 ⑤氣 ⑥孝

✽ 다음 한자漢字를 자세히 익혀봅시다.

母 (母부) 총5획 8급	四 (口부) 총5획 8급	民 (氏부) 총5획 8급
어미 모	넉 사	백성 민

✽ 다음 한자어漢字語의 뜻을 익혀봅시다.

母校(   ) ▷ (   )(   )
　도 ▶ 자기의 출신 학교. 자기가 졸업한 학교.
　용 모교의 은사를 방문하다.

四寸(   ) ▷ (   )(   )
　도 ▶ 네 치. 아버지의 친형제의 아들딸.
　용 '사촌이 땅을 사면 배가 아프다.'라는 속담
이 있다.

民間(   ) ▷ (   )(   )
　도 ▶ 일반 서민의 사회.
　용 민간 단체. 민간 방송.

老母(   ) ▷ (   )(   )
　도 ▶ 늙은 어머니.
　용 노모를 극진히 모시다.

四時(   ) ▷ (   )(   )
　도 ▶ 한 해의 네 계절. [봄·여름·가을·겨울]
　용 대나무와 소나무는 사시에 늘 푸르다.

民主(   ) ▷ (   )(   )
　도 ▶ 주권(主權)이 국민에게 있음.
　용 자유 민주주의 국가

✽ 다음 한자에 알맞은 뜻을 아래 〈보기〉에서 찾아 번호를 쓰세요.

自(   )　外(   )　父(   )　全(   )　正(   )　育(   )

▶ 보기 ◀
① 저녁　　② 눈　　③ 기르다　　④ 아버지　　⑤ 바르다
⑥ 온전하다　⑦ 바깥　　⑧ 스스로　　⑨ 지아비　　⑩ 쇠

○「寸」자의 뜻은「마디」입니다. 여기에서「마디」는 손목에서 손가락 하나를 끼워 넣을
정도 떨어진 곳으로 손목에서 의사가 맥을 짚는 곳까지의 거리를 말합니다. 따라서
「마디」는「손가락의 마디」를 뜻하는 것이 아니라,「손가락 하나의 폭」을 뜻합니다.
요즈음에는 1척(尺)=1자의 10분의 1에 해당하는「치」와 같은 의미로 씁니다.

다음 빈칸에 한자漢字를 쓰세요.

母			校		
어미 모	毋부 총5획	ㄴ 𠃋 母 母 母	학교 교	木부 총10획	木 杧 杧 校 校
老			母		
늙을 로/노	老부 총6획	十 土 耂 老 老	어미 모	毋부 총5획	ㄴ 𠃋 母 母 母
四			寸		
넉 사	口부 총5획	丨 冂 冂 四 四	마디 촌	寸부 총3획	一 十 寸
四			時		
넉 사	口부 총5획	丨 冂 冂 四 四	때 시	日부 총10획	日 日十 日土 時 時
民			間		
백성 민	氏부 총5획	ㄱ コ 尸 巳 民	사이 간	門부 총12획	丨 门 門 門 間
民			主		
백성 민	氏부 총5획	ㄱ コ 尸 巳 民	주인 주	丶부 총5획	丶 亠 亠 丰 主

다음 훈과 음에 알맞은 한자를 〈보기〉에서 골라 번호를 쓰세요.

(1) 편할 편(　　) (2) 꽃 화(　　) (3) 적을 소(　　) (4) 오른 우(　　) (5) 푸를 청(　　) (6) 평평할평(　　)	〈보기〉 ① 靑 ② 右 ③ 便 ④ 平 ⑤ 少 ⑥ 花

❋ 다음 한자漢字를 자세히 익혀봅시다.

世 (一부) 총5획 7II	正 (止부) 총5획 7II	市 (巾부) 총5획 7II
인간 세	바를 정	저자 시

❋ 다음 한자어漢字語의 뜻을 익혀봅시다.

來世(　　) ▷ (　　)(　　)
　[도]▶'죽은 뒤에 다시 태어난다'는 미래의 세상.
　[용]▶ 내세에서 다시 만나기를 기원하다.

出世(　　) ▷ (　　)(　　)
　[도]▶ 사회적으로 높이 되거나 유명해짐.
　[용]▶ 출세하여 부모님께 효도하다.

方正(　　) ▷ (　　)(　　)
　[도]▶ 언행(言行)이 바르고 점잖음.
　[용]▶ 언제나 방정한 모습을 잃지 않다.

不正(　　) ▷ (　　)(　　)
　[도]▶ 바르지 않음. 바르지 못한 일.
　[용]▶ 시험 시간에 부정한 행위를 일삼다.

市場(　　) ▷ (　　)(　　)
　[도]▶ 여러 가지 상품을 팔고 사는 장소.
　[용]▶ 상설 시장. 청과물 시장.

市民(　　) ▷ (　　)(　　)
　[도]▶ 시에 살고 있는 사람. 시의 주민.
　[용]▶ 서울 시민들이 한데 모이는 축제.

❋ 다음 한자어漢字語의 독음讀音을 쓰세요.

正午(　)	世間(　)	世敎(　)	世上(　)	正大(　)
世子(　)	中世(　)	身世(　)	世事(　)	市內(　)
市外(　)	市立(　)	王命(　)	正面(　)	平正(　)

○ 독음은 같으나 뜻이 다른 한자어
　1市場(시장 : 상품을 사고파는 곳)　　2市長(시장 : 시를 대표하고 행정을 관장하는 사람)
　1不定(부정 : 일정하지 않음)　　2否定(부정 : 그렇지 않다고 함)

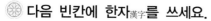 다음 빈칸에 한자漢字를 쓰세요.

來		世	
올 래/내	人부 총8획 　一 丆 丙 來 來	인간 세	一부 총5획 　一 十 丗 丗 世
出		世	
날 출	凵부 총5획 　丨 屮 屮 出 出	인간 세	一부 총5획 　一 十 丗 丗 世
方		正	
모 방	方부 총4획 　丶 一 宀 方	바를 정	止부 총5획 　一 丁 下 正 正
不		正	
아닐불/부	一부 총4획 　一 丆 不 不	바를 정	止부 총5획 　一 丁 下 正 正
市		場	
저자 시	巾부 총5획 　丶 一 宀 市 市	마당 장	土부 총12획 　土 坍 坍 場 場
市		民	
저자 시	巾부 총5획 　丶 一 宀 市 市	백성 민	氏부 총5획 　一 了 尸 足 民

 도움글

○「不」자는 뒤에 오는 낱말의 첫 음절에 따라 발음을「불」또는「부」로 읽습니다.
예1 不足(부족) ▷ (아닐 불)(발 족)　　예2 不實(부실) ▷ (아닐 불)(열매 실) ※ 實 5급(열매 실)

✳ 다음 한자漢字를 자세히 익혀봅시다.

左 (工부) 총5획 7Ⅱ	白 (白부) 총5획 8급	主 (丶부) 총5획 7급
왼 좌	흰 백	주인 주

✳ 다음 한자어漢字語의 뜻을 익혀봅시다.

左便(　　　) ▷ (　　　)(　　　)
　　도▸ 왼쪽. 왼편.
　　례▸ 우편(右便)보다는 좌편이 어둡다.

左手(　　　) ▷ (　　　)(　　　)
　　도▸ 왼손.
　　례▸ 모두들 좌수에 깃발을 들고 있다.

白花(　　　) ▷ (　　　)(　　　)
　　도▸ 흰 꽃.
　　례▸ 꽃병에 백화가 가득 꽂혀있다.

自白(　　　) ▷ (　　　)(　　　)
　　도▸ 자기의 비밀을 털어놓음.
　　례▸ 사건의 모든 것을 자백하다.

主食(　　　) ▷ (　　　)(　　　)
　　도▸ 평소의 끼니에서 주되는 음식.
　　례▸ 우리는 식생활에서 쌀을 주식으로 한다.

地主(　　　) ▷ (　　　)(　　　)
　　도▸ 땅의 임자.
　　례▸ 지주의 횡포로 농민들은 고생이 심하였다.

✳ 다음 한자의 뜻과 서로 반대되는 한자를 아래 〈보기〉에서 찾아 쓰세요.

左 ↔ (　　　)　　天 ↔ (　　　)　　父 ↔ (　　　)　　上 ↔ (　　　)

(　　　) ↔ 月　　(　　　) ↔ 外　　(　　　) ↔ 少　　(　　　) ↔ 弟

▶ 보기 ◀

不　老　夕　兄　地　下　內　大　日　母　右　子

 도움글

○ 독음은 같으나 뜻이 다른 한자어
　　① 白花(백화 : 흰 꽃)　　② 百花(백화 : 백가지 꽃. 온갖 꽃)

※ 다음 빈칸에 한자漢字를 쓰세요.

左		便	
왼 좌	工부 총5획 一ナ𠂇𠂇左	편할 편	人부 총9획 亻𠂊佰伊便
左		手	
왼 좌	工부 총5획 一ナ𠂇𠂇左	손 수	手부 총4획 一二三手
白		花	
흰 백	白부 총5획 ノ亻白白白	꽃 화	艸부 총8획 𠦌芢花花花
自		白	
스스로 자	自부 총6획 ノ亻白白自自	흰 백	白부 총5획 ノ亻白白白
主		食	
주인 주	丶부 총5획 丶一二宇主	먹을 식	食부 총9획 今今食食食
地		主	
땅[따] 지	土부 총6획 十土圵地地	주인 주	丶부 총5획 丶一二宇主

도움글

○ 「便」자는 뜻에 따라 「변」 또는 「편」으로 읽고 적습니다.

○ 「自白」에서 「白」자는 '아뢰다'를 뜻합니다.

○ 「左」자는 「右」와 다르게 「一」을 먼저, 「ノ」을 나중에 씁니다.

✿ 다음 한자漢字를 자세히 익혀봅시다.

立 (立부) 총5획 7II	出 (凵부) 총5획 7급	生 (生부) 총5획 8급
설 립	날 출	날 생

✿ 다음 한자어漢字語의 뜻을 익혀봅시다.

直立(　　)▷(　　　)(　　)
도▸똑바로 섬. 꼿꼿이 섬.
용▸인간은 직립 보행(步行)을 한다.

出生(　　)▷(　　　)(　　)
도▸태아가 모체에서 태어남. 태생.
용▸서울에서 출생하다.

同生(　　)▷(　　　)(　　)
도▸'아우와 손아랫누이'를 통틀어 일컫는 말.
용▸귀여운 막내 동생.

自立(　　)▷(　　　)(　　)
도▸남의 지배를 받거나 하지 않고 자기의 힘으로 해나감. 용▸경제적으로 자립하다.

出動(　　)▷(　　　)(　　)
도▸활동하기 위하여 목적지로 떠남.
용▸현장으로 출동하다.

生活(　　)▷(　　　)(　　)
도▸살아서 활동함.
용▸아름다운 생활을 꿈꾸다.

✿ 다음 한자어漢字語의 독음讀音을 쓰세요.

出口(　　) 日出(　　) 自生(　　) 算出(　　) 外出(　　)
立冬(　　) 立秋(　　) 立夏(　　) 立春(　　) 中立(　　)

┌ [도움한자] ─────────────────────
自(스스로 자 : 自-총6획)　　算(셈　산 : 竹-총14획)　　外(바깥 외 : 夕-총 5획)
冬(겨울　동 : 冫-총5획)　　秋(가을 추 : 禾-총 9획)　　夏(여름 하 : 夂-총10획)
────────────────────────────

도 움 글

○ 독음은 같으나 뜻이 다른 한자어
① 立場(입장 : 당하고 있는 형편이나 처지)　② 入場(입장 : 회의장이나 식장 따위에 들어감)
① 後門(후문 : 뒷문)　　②後聞(후문 : 뒷소문)

✺ 다음 빈칸에 한자漢字를 쓰세요.

直		곧을 직	目부 총8획 一 ナ 古 首 直 直	立		설 립	立부 총5획 丶 二 十 立 立
自		스스로 자	自부 총6획 丿 亻 白 自 自	立		설 립	立부 총5획 丶 二 十 立 立
出		날 출	凵부 총5획 丨 屮 屮 出 出	生		날 생	生부 총5획 丿 ノ 二 牛 生
出		날 출	凵부 총5획 丨 屮 屮 出 出	動		움직일 동	力부 총11획 重 重 重 動 動
同		한가지 동	口부 총6획 丨 冂 同 同 同	生		날 생	生부 총5획 丿 ノ 二 牛 生
生		날 생	生부 총5획 丿 ノ 二 牛 生	活		살 활	水부 총9획 氵 氵 氵 汗 活

✺ 다음 낱말에 알맞은 한자어를 〈보기〉에서 골라 번호를 쓰세요.

(1) 내세( )	(2) 공중( )	(3) 노모( )	〈보기〉	① 不正 ② 北上 ③ 來世 ④ 火山
(4) 화산( )	(5) 부정( )	(6) 북상( )		⑤ 空重 ⑥ 老母 ⑦ 火算 ⑧ 空中

✿ 다음 한자漢字를 자세히 익혀봅시다.

平 (干부) 총5획 7Ⅱ	冬 (冫부) 총5획 7급	有 (月부) 총6획 7급
평평할 **평**	겨울 **동**	있을 **유**

✿ 다음 한자어漢字語의 뜻을 익혀봅시다.

平安(   ) ▷ (   )(   )
图 ▷ 무사하여 마음에 걱정이 없음.
用 대내 두루 평안하십니까?

立冬(   ) ▷ (   )(   )
图 ▷ 이십사절기의 하나. 11월 8, 9일경. [이
무렵에 겨울이 시작된다고 함]

有名(   ) ▷ (   )(   )
图 ▷ 이름이 있음. 이름이 널리 알려져 있음.
用 그의 음악은 세계적으로 유명하다.

平地(   ) ▷ (   )(   )
图 ▷ 바닥이 평평한 땅.
用 평지에는 집보다 농사를 지어야 한다.

冬天(   ) ▷ (   )(   )
图 ▷ 겨울 하늘. 겨울날.
用 길고 긴 동천을 보내고 잠에서 깨다.

有色(   ) ▷ (   )(   )
图 ▷ 빛깔이 있음. 便 무색(無色).
用 다양한 유색 인종들이 모여 살다.

✿ 다음 한자漢字의 훈訓과 음音을 쓰세요.

入( )	七( )	九( )	女( )	寸( )
工( )	夕( )	子( )	心( )	王( )
手( )	夫( )	力( )	小( )	川( )

○ 하나의 한자漢字 안에 여러 개의 부수部首 글자가 포함되어 있는 경우가 많은데, 이때
어느 것이 부수인가를 결정하기가 어려운 경우가 있습니다. 하지만 그 글자의 부수는
그 글자의 뜻과 관계가 있으므로 뜻에 가까운 부수를 찾으면 됩니다.
예1 安 : 宀(○) 女(×)   예2 市 : 亠(×) 巾(○)   예3 名 : 夕(×) 口(○)

※ 다음 빈칸에 한자_{漢字}를 쓰세요.

平			安		
평평할 평	干부 총5획	一 二 厂 厅 平	편안 안	宀부 총6획	丶 宀 宁 安 安
平			地		
평평할 평	干부 총5획	一 二 厂 厅 平	땅[따] 지	土부 총6획	十 土 圫 地 地
立			冬		
설 립/입	立부 총5획	丶 二 亠 立 立	겨울 동	冫부 총5획	丿 夂 夂 冬 冬
冬			天		
겨울 동	冫부 총5획	丿 夂 夂 冬 冬	하늘 천	大부 총4획	一 二 于 天
有			名		
있을 유	月부 총6획	丿 ナ オ 冇 有 有	이름 명	口부 총6획	丿 夕 夕 夕 名
有			色		
있을 유	月부 총6획	丿 ナ オ 冇 有 有	빛 색	色부 총6획	夕 夕 夕 名 色

※ 다음 한자의 뜻에 반대되는 한자를 〈보기〉에서 골라 번호를 쓰세요.

			〈보기〉
⑴ 手 ↔ ( )	⑵ 老 ↔ ( )	⑶ 上 ↔ ( )	① 入 ② 足 ③ 母
⑷ 父 ↔ ( )	⑸ 出 ↔ ( )	⑹ 大 ↔ ( )	④ 下 ⑤ 小 ⑥ 少

✽ 다음 한자漢字를 자세히 익혀봅시다.

全 (入부) 총6획 7II	色 (色부) 총6획 7급	名 (口부) 총6획 7II
온전 전	빛 색	이름 명

✽ 다음 한자어漢字語의 뜻을 익혀봅시다.

安全(　　　) ▷ (　　　)(　　　)
　도 ▶ 위험이 없음, 또는 그러한 상태.
　用 물놀이 할 때는 안전수칙을 지켜야 한다.

氣色(　　　) ▷ (　　　)(　　　)
　도 ▶ 얼굴에 나타난 마음속의 생각이나 감정
　따위. 用 기색이 편치 않게 보인다.

地名(　　　) ▷ (　　　)(　　　)
　도 ▶ 땅의 이름. 지방·지역 등의 이름.
　用 자기 고장의 지명을 알리다.

全力(　　　) ▷ (　　　)(　　　)
　도 ▶ 가지고 있는 모든 힘. 온 힘. 최선.
　用 전력을 다하여 질주(疾走)하다.

色紙(　　　) ▷ (　　　)(　　　)
　도 ▶ 색종이.
　用 미술시간에 여러 색지로 만들기를 하였다.

名物(　　　) ▷ (　　　)(　　　)
　도 ▶ 그 지방의 이름난 산물(産物).
　用 인삼은 금산의 명물이다.

✽ 다음 한자어漢字語의 독음讀音을 쓰세요.

全國(　　)	全面(　　)	靑色(　　)	間色(　　)	面色(　　)
白色(　　)	生色(　　)	正色(　　)	名家(　　)	名目(　　)
名山(　　)	名所(　　)	名言(　　)	有名(　　)	姓名(　　)

─ [도움한자] ─
間(사이 간 : 門-총12획)　　正(바를 정 : 止-총5획)　　目(눈　목 : 目-총5획)
所(바　소 : 戶-총 9획)　　有(있을 유 : 月-총6획)　　姓(성　성 : 女-총8획)

○「名物」에서「名」자는「세상에 널리 알려지다」를 뜻합니다.
○「名目」에서「目」자는「이름, 명칭, 구실이나 이유」등을 뜻합니다.

다음 빈칸에 한자漢字를 쓰세요.

安		全	
편안 안	宀부 총6획 丶 宀 宀 安 安	온전 전	入부 총6획 人 亼 仝 仝 全
全		力	
온전 전	入부 총6획 人 亼 仝 仝 全	힘 력	力부 총2획 フ 力
氣		色	
기운 기	气부 총10획 气 気 氣 氣 氣	빛 색	色부 총6획 ⺈ 𠂊 乌 乌 色
色		紙	
빛 색	色부 총6획 ⺈ 𠂊 乌 乌 色	종이 지	糸부 총10획 幺 糸 紅 紙 紙
地		名	
땅[따] 지	土부 총6획 十 土 圠 地 地	이름 명	口부 총6획 丿 ク 夕 夕 名
名		物	
이름 명	口부 총6획 丿 ク 夕 夕 名	물건 물	牛부 총8획 丿 ⺧ 牛 牞 物

도움글

○ 독음은 같으나 뜻이 다른 한자어

1 全面(전면 : 모든 방면)
2 前面(전면 : 앞쪽 면)
1 全力(전력 : 가지고 있는 모든 힘)
2 電力(전력 : 전류가 단위 시간에 하는 일)

✸ 다음 한자漢字를 자세히 익혀봅시다.

百 (白부) 총6획 7급	休 (人부) 총6획 7급	江 (水부) 총6획 7Ⅱ
일백 **백**	쉴 **휴**	강 **강**

✸ 다음 한자어漢字語의 뜻을 익혀봅시다.

百草(　　) ▷ (　　　)(　　　)
　　도▶온갖 풀.
　　例 들에는 백초들이 바람에 물결치고 있다.

百萬(　　) ▷ (　　　)(　　　)
　　도▶만의 백 곱절. 썩 많은 수.
　　例 백만 대군을 기르다.

休校(　　) ▷ (　　　)(　　　)
　　도▶학교에서 수업과 업무를 한동안 쉼.
　　例 전염병 때문에 임시 휴교하기로 하였다.

休學(　　) ▷ (　　　)(　　　)
　　도▶학생이 병이나 사고 따위로 말미암아 일정한 기간 학업을 쉼. 例 휴학생.

江村(　　) ▷ (　　　)(　　　)
　　도▶강가의 마을. 강마을.
　　例 차창 밖에 강촌의 한가로움이 펼쳐진다.

江海(　　) ▷ (　　　)(　　　)
　　도▶강과 바다. 하해(河海).
　　例 어버이의 은혜는 강해와 같다.

✸ 다음 한자어漢字語의 독음讀音을 쓰세요.

金村邑(　　) 休日(　　) 百姓(　　) 百里(　　) 休紙(　　)
休火山(　　) 江南(　　) 江山(　　) 長江(　　) 漢江(　　)

✸ 다음은 두 개의 한자가 서로 결합되어 만들어진 글자이다. (　) 속에 한자의 훈과 음을 쓰세요.

⑴ 答(　　) = 竹(　　) + 合(　　)　⑵ 秋(　　) = 禾(　　) + 火(　　)

 도움글

○독음은 같으나 뜻이 다른 한자어
　名手(명수 : 뛰어난 솜씨를 가진 사람)　　名數(명수 : 사람의 수효)

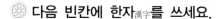 다음 빈칸에 한자漢字를 쓰세요.

百			草		
일백 백	白부 총6획 一丁丆百百百		풀 초	艸부 총10획 一 艹 芐 莒草	
百			萬		
일백 백	白부 총6획 一丁丆百百百		일만 만	艸부 총13획 一 苩 莒 萬 萬	
休			校		
쉴 휴	人부 총6획 亻 亻 仆 休 休		학교 교	木부 총10획 木 朾 朽 杦 校	
休			學		
쉴 휴	人부 총6획 亻 亻 仆 休 休		배울 학	子부 총16획 ' 臼 臼 舉 學	
江			村		
강 강	水부 총6획 丶 氵 沪 江 江		마을 촌	木부 총7획 十 木 朾 村 村	
江			海		
강 강	水부 총6획 丶 氵 沪 江 江		바다 해	水부 총10획 氵 沪 海 海 海	

 도움글

○ 혼동하기 쉬운 한자
　　① 百花(백화) : 온갖 꽃. 여러 가지 꽃. 뎨 동산에 백화가 만발하였습니다.
　　② 白花(백화) : 흰 꽃. 뎨 백화 한송이를 꽃병에 꽂았습니다.

❋ 다음 한자漢字를 자세히 익혀봅시다.

字 (子부) 총6획 7급	老 (老부) 총6획 7급	年 (干부) 총6획 8급
글자 **자**	늙을 **로**	해 **년**

❋ 다음 한자어漢字語의 뜻을 익혀봅시다.

活字(　　)▷(　　)(　　)
　도▷ 활판 인쇄에 쓰이는 일정한 규격의 글자.
　用 시대에 따라 활자의 재료도 변하였다.

正字(　　)▷(　　)(　　)
　도▷ 글자를 바르게 또박또박 쓴 글자.
　用 흘려 쓰지 말고 정자로 써야 한다!

年老(　　)▷(　　)(　　)
　도▷ 나이가 많음. 반연소(年少).
　用 연로하신 부모님을 정성으로 봉양하였다.

村老(　　)▷(　　)(　　)
　도▷ 마을의 늙은이.
　用 마을마다 촌로들을 공경한다.

每年(　　)▷(　　)(　　)
　도▷ 차례로 돌아오는 그해그해. 해마다.
　用 매년 풍년이 들다.

來年(　　)▷(　　)(　　)
　도▷ 올해의 다음해. 명년(明年).
　用 내년이면 지금보다 키가 얼마나 커질까?

❋ 다음 한자가 뜻하는 것을 아래 〈보기〉에서 골라 그 번호를 쓰세요.

木(　) 上(　) 弟(　) 門(　) 教(　) 休(　)

▶ 보기 ◀
① '물'을 뜻하는 글자
② '배우다'의 뜻에 반대되는 글자
③ '땅보다 높은 곳'을 뜻하는 글자
④ '대문'의 모양을 본뜬 글자
⑤ '아들'을 뜻하는 글자
⑥ '나무 그늘에서 쉬는 모양'을 본뜬글자
⑦ '땅보다 낮은 곳'을 뜻하는 글자
⑧ '학교'를 뜻하는 글자
⑨ '형'의 뜻에 반대되는 글자
⑩ '나무'의 모양을 본뜬 글자

○ 한자는 같으나 발음에 따라 뜻이 다른 한자어
　① 數字(수자 : 두서너 자. 몇 자.)　② 數字(숫자 : 수를 나타내는 글자 [1・2・3・4…따위])

❋ 다음 빈칸에 한자漢字를 쓰세요.

活		字	
살 활	水부 총9획　氵氵氵氵汗活	글자 자	子부 총6획　丶宀宁字字
正		字	
바를 정	止부 총5획　一丁下正正	글자 자	子부 총6획　丶宀宁字字
年		老	
해 년/연	干부 총6획　ケ ヒ 午 乍年	늙을 로	老부 총6획　十土耂耂老
村		老	
마을 촌	木부 총7획　十 オ 木 村村	늙을 로	老부 총6획　十土耂耂老
每		年	
매양 매	毋부 총7획　ケ 亡 毎 毎每	해 년	干부 총6획　ケ ヒ 午 乍年
來		年	
올 래/내	人부 총8획　一 厸 求 來來	해 년	干부 총6획　ケ ヒ 午 乍年

❋ 다음 한자의 뜻에 반대되는 한자를 〈보기〉에서 골라 번호를 쓰세요.

(1) 朝 ↔ (　　　)	(2) 前 ↔ (　　　)	(3) 內 ↔ (　　　)	〈보기〉 ① 地 ② 夕 ③ 女
(4) 子 ↔ (　　　)	(5) 日 ↔ (　　　)	(6) 天 ↔ (　　　)	④ 外 ⑤ 後 ⑥ 月

✳ 다음 한자漢字를 자세히 익혀봅시다.

地 (土부) 총6획 7급	先 (儿부) 총6획 8급	同 (口부) 총6획 7급
땅[따] 지	먼저 선	한가지 동

✳ 다음 한자어漢字語의 뜻을 익혀봅시다.

地方 ( ) ▷ ( )( )
　도 ▶ 한 나라의 수도나 대도시 이외의 고장.
　문 ▶ 지방에 있는 학교.

外地 ( ) ▷ ( )( )
　도 ▶ 제 고장 이외의 땅.
　문 ▶ 어려서부터 외지에서 일하며 공부하였다.

先祖 ( ) ▷ ( )( )
　도 ▶ 한집안의 시조(始祖). 한집안의 조상.
　문 ▶ 가정마다 선조들의 얼을 되새겨야 한다.

先後 ( ) ▷ ( )( )
　도 ▶ 앞뒤. 먼저와 나중.
　문 ▶ 일의 선후가 뒤바뀌다.

同門 ( ) ▷ ( )( )
　도 ▶ '同門生'의 준말. 동창(同窓). 동학(同學).
　문 ▶ 오랜만에 동문들이 한자리에 모였다.

同氣 ( ) ▷ ( )( )
　도 ▶ '형제자매'를 통틀어 이르는 말.
　문 ▶ 동기 사이에 우애(友愛)가 좋다.

✳ 다음 낱말의 뜻에 해당하는 한자를 아래 〈보기〉에서 찾아 쓰세요.

가르치다 …… ( )	노래 ………… ( )	시장 ………… ( )
오르다 ……… ( )	먼저 ………… ( )	기르다 ……… ( )
마을 ………… ( )	셈하다 ……… ( )	나오다 ……… ( )

▶ 보기 ◀

里　算　出　登　歌　外　教　寸　校　育　先　市

　○「同門」에서「門」자는「같은 학교나 문중門中」을 뜻합니다.
　○「先後」는 뜻이 서로 상대되는 한자로 결합된 한자어입니다.

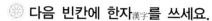 다음 빈칸에 한자漢字를 쓰세요.

地			方		
땅[따] 지	土부 총6획	十 土 圠 圠 地 地	모 방	方부 총4획	丶 一 亍 方
外			地		
바깥 외	夕부 총5획	丿 ㄅ 夕 列 外	땅[따] 지	土부 총6획	十 土 圠 圠 地 地
先			祖		
먼저 선	儿부 총6획	一 屮 半 生 先	할아비 조	示부 총10획	ラ 礻 礻 祖 祖
先			後		
먼저 선	儿부 총6획	一 屮 半 生 先	뒤 후	彳부 총9획	彳 狳 狳 狳 後
同			門		
한가지 동	口부 총6획	丨 冂 同 同 同	문 문	門부 총8획	｢ ｢ 門 門 門
同			氣		
한가지 동	口부 총6획	丨 冂 同 同 同	기운 기	气부 총10획	气 气 氜 氣 氣

○ 독음은 같으나 뜻이 다른 한자어

①**動機**(동기) : 사람이 행동을 일으키게 하는 마음의 움직임. ※ **機** 4급(틀 기)

②**同期**(동기) : ① 같은 시기. ② '동기생'의 준말. 〔예〕 오랜만에 동기들을 만나니 옛 일이 생각난다.

❀ 다음 한자漢字를 자세히 익혀봅시다.

西 (西부) 총6획 8급	安 (宀부) 총6획 7Ⅱ	自 (自부) 총6획 7Ⅱ
서녘 서	편안 안	스스로 자

❀ 다음 한자어漢字語의 뜻을 익혀봅시다.

西風(   ) ▷ (   )(   )
　도▸서쪽에서 불어오는 바람. 갈바람. 하늬
바람. 例 서풍이 불다. ※風6급(바람 풍)

便安(   ) ▷ (   )(   )
　도▸①몸이나 마음이 편하고 좋음. ②무사함.
例 편안히 쉬십시오.

自生(   ) ▷ (   )(   )
　도▸①자연히 싹터서 자라는 일. ②저절로
생겨남. 例 야산에 자생하는 풀.

西方(   ) ▷ (   )(   )
　도▸서쪽. 서쪽 지방. 서방국가.
例 서방문화에 우리 문화를 빼앗겨서야!

不安(   ) ▷ (   )(   )
　도▸걱정이 되어 마음이 편하지 아니함.
例 시험 결과가 어떻게 나올지 불안하다.

自主(   ) ▷ (   )(   )
　도▸자신의 일을 스스로 처리하는 일.
例 자주적인 정신을 일깨우다.

❀ 다음 한자어漢字語의 독음讀音을 쓰세요.

西便( )	自力( )	自白( )	自活( )	地下( )
同生( )	地氣( )	地動( )	地上( )	地平( )
先金( )	先山( )	先手( )	同年( )	同色( )

─ [도움한자] ─
動(움직일 동 : 力-총11획)　　**金**(쇠 금, 성 김 : 金-총8획)　　**便**(편할 편, 똥오줌 변 : 人-총9획)

○「西便」에서「便」자는「여러 패로 나누었을 때 그 하나하나의 쪽」을 뜻합니다.
○「先手」에서「手」자는「행동, 수단, 방법, 계략」등을 뜻합니다.

✳ **다음 빈칸에 한자漢字를 쓰세요.**

西			風		
서녘 서	襾부 총6획	一 一 一 一 西 西	바람 풍	風부 총9획	丿 几 凤 風 風
西			方		
서녘 서	襾부 총6획	一 一 一 一 西 西	모 방	方부 총4획	丶 一 亠 方
便			安		
편할 편	人부 총9획	亻 亻 们 便 便	편안 안	宀부 총6획	丶 宀 宀 安 安
不			安		
아닐 불	一부 총4획	一 丆 不 不	편안 안	宀부 총6획	丶 宀 宀 安 安
自			生		
스스로 자	自부 총6획	丿 亻 白 自 自	날 생	生부 총5획	丿 亻 七 牛 生
自			主		
스스로 자	自부 총6획	丿 亻 白 自 自	주인 주	丶부 총5획	丶 亠 亠 主 主

 도 움 글

○ 독음은 같으나 뜻이 다른 한자어

　🗹自手(자수) : 자기 혼자의 노력이나 힘. 📝 누구의 도움 없이 자수로 집을 마련하다.

　🗹自首(자수) : 죄를 지은 사람이 범죄를 신고하는 일. 📝 가족들의 권유로 범인이 자수하였다.

✽ 다음 한자漢字를 자세히 익혀봅시다.

車 (車부) 총7획 7Ⅱ	里 (里부) 총7획 7급	每 (毋부) 총7획 7Ⅱ
수레 거/차	마을 리	매양 매

✽ 다음 한자어漢字語의 뜻을 익혀봅시다.

車道(　　) ▷ (　　)(　　)
　토▶ 주로 차가 다니게 마련한 길. 찻길.
　용 차도로 걸어가면 위험해!

電車(　　) ▷ (　　)(　　)
　토▶ 전력을 공급받아 궤도 위를 달리는 차량.
　용 도심에는 전차가 운행되고 있다.

洞里(　　) ▷ (　　)(　　)
　토▶ 지방 행정 구역인 동과 리. 마을.
　용 유세장에 동리 사람들이 모두 모였다.

里長(　　) ▷ (　　)(　　)
　토▶ 행정 구역인 '里'의 사무를 맡아보는 우두머리. 용 이장을 선출하다.

每事(　　) ▷ (　　)(　　)
　토▶ 하나 하나의 일. 모든 일. 일마다.
　용 매사를 신중히 생각하다.

每日(　　) ▷ (　　)(　　)
　토▶ 날마다. 나날이. 하루하루.
　용 정희는 매일 일기를 쓴다.

✽ 다음 한자어漢字語의 독음讀音을 쓰세요.

自動車(　　)　　地中海(　　)　　國有地(　　)　　人力車(　　)

✽ 다음 중 설명이 맞는 것은 ○표, 틀린 것은 ×표 하세요.

(1) '市'는 '저자 시'자이다. '저자'는 '저기 가는 사람'을 뜻하는 말이다. ……… (　　)

(2) '工'은 '장인 공'자이다. '장인'은 '부인의 아버지'를 뜻하는 말이다. ……… (　　)

○「車」자는「車道」,「人力車」등과 같이 쓰임에 따라 소리가 달라지는 글자입니다.
○「國有地」에서「有」자는「소유所有하다, 가지고 있다」를 뜻합니다.

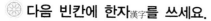 다음 빈칸에 한자漢字를 쓰세요.

車			道		
수레 차	車부 총7획	冂厅百亘車	길 도	辵부 총13획	丷艿首首道
電			車		
번개 전	雨부 총13획	一雨雪雷電	수레 차	車부 총7획	冂厅百亘車
洞			里		
골 동	水부 총9획	氵汀汩洞洞	마을 리	里부 총7획	口日甲甲里
里			長		
마을리/이	里부 총7획	口日甲甲里	긴 장	長부 총8획	一厂토토長
每			事		
매양 매	母부 총7획	㇒㇉勽每每	일 사	亅부 총8획	一写写写事
每			日		
매양 매	母부 총7획	㇒㇉勽每每	날 일	日부 총4획	丨冂日日

 도움글

○ 독음은 같으나 뜻이 다른 한자어

休電(휴전) : 전류(電流)를 한때 보내지 않음. 예 공사로 인해 잠시 동안의 휴전을 알리다.

休戰(휴전) : 하던 전쟁을 얼마 동안 쉼. 예 남북이 서로 휴전 협정을 체결하다.

✤ 다음 한자漢字를 자세히 익혀봅시다.

足 (足부) 총7획 7Ⅱ	孝 (子부) 총7획 7Ⅱ	邑 (邑부) 총7획 7급
발 족	효도 효	고을 읍

✤ 다음 한자어漢字語의 뜻을 익혀봅시다.

不足(　　) ▷ (　　　)(　　　)
도 ▶ 어떤 한도에 모자람. 넉넉하지 않음.
문 연습이 부족하다.

孝道(　　) ▷ (　　　)(　　　)
도 ▶ 어버이를 잘 섬기는 도리.
문 어버이게 효도를 다하다.

邑長(　　) ▷ (　　　)(　　　)
도 ▶ 읍의 행정 사무를 통할하는 책임자.
문 읍장은 마을 사람들을 불러 모았습니다.

手足(　　) ▷ (　　　)(　　　)
도 ▶ 손발. '손발처럼 마음대로 부리는 사람'을 이르는 말. 문 수족이 되어 일하다.

孝子(　　) ▷ (　　　)(　　　)
도 ▶ 효성(孝誠)스러운 아들.
문 온달은 바보였지만 효자였다.

邑內(　　) ▷ (　　　)(　　　)
도 ▶ 읍의 구역 안. 고을.
문 읍내에 영화관이 새로 생겼다.

✤ 다음 한자에 알맞은 뜻을 아래 〈보기〉에서 찾아 번호를 쓰세요.

文(　) 每(　) 問(　) 夫(　) 韓(　) 室(　)
農(　) 校(　) 來(　) 男(　) 立(　) 長(　)

┏━ ▶ 보기 ◀ ━
① 학교　　② 글월　　③ 한국　　④ 지아비　　⑤ 서다　　⑥ 농사
⑦ 오다　　⑧ 길다　　⑨ 사내　　⑩ 묻다　　⑪ 집　　⑫ 매양

 도움글

○ 반대어(反對語) = 반의어(反義語) ☞ 뜻이 서로 반대, 또는 상대되는 한자어(漢字語)
　　예1 手足(수족)　　예2 內外(내외)　　예3 日月(일월)　　예4 前後(전후)

🌼 다음 빈칸에 한자漢字를 쓰세요.

不		足	
아닐 불/부	一부 총4획 一丆不不	발 족	足부 총7획 口尸尸尸足
手		足	
손 수	手부 총4획 一二三手	발 족	足부 총7획 口尸尸尸足
孝		道	
효도 효	子부 총7획 十土夬孝孝	길 도	辵부 총13획 ⺌ 䒑 首 首 道
孝		子	
효도 효	子부 총7획 十土夬孝孝	아들 자	子부 총3획 ⼦了子
邑		長	
고을 읍	邑부 총7획 口呂吊吊邑	긴 장	長부 총8획 一厂厈長長
邑		内	内
고을 읍	邑부 총7획 口呂吊吊邑	안 내	入부 총4획 丨冂内内

🌼 다음 한자의 뜻에 반대되는 한자를 〈보기〉에서 골라 번호를 쓰세요.

(1) 南 ↔ ( )　(2) 兄 ↔ ( )　(3) 敎 ↔ ( )	〈보기〉 ① 冬 ② 北 ③ 西
(4) 左 ↔ ( )　(5) 夏 ↔ ( )　(6) 東 ↔ ( )	④ 弟 ⑤ 右 ⑥ 學

◈ 다음 한자漢字를 자세히 익혀봅시다.

男 (田부) 총7획 7II	住 (人부) 총7획 7급	村 (木부) 총7획 7급
사내 남	살 주	마을 촌

◈ 다음 한자어漢字語의 뜻을 익혀봅시다.

男女( ) ▷ ( )( )
　뜻▶ 남자와 여자.
　새▶ 자녀는 남녀 구별 말고 잘 기르자!

長男( ) ▷ ( )( )
　뜻▶ 맏아들.
　새▶ 장남이 아버지를 대신하였다.

住所( ) ▷ ( )( )
　뜻▶ 실질적인 생활의 근거가 되는 곳.
　새▶ 자기의 주소를 한자로 쓸 수 있는지요?

安住( ) ▷ ( )( )
　뜻▶ 자리를 잡아 편안하게 삶. 현재의 상
　태에 만족하고 있음. 새▶ 생활에 안주하다.

村家( ) ▷ ( )( )
　뜻▶ 시골 마을에 있는 집. 시골집.
　새▶ 촌가의 굴뚝에는 밥을 짓는 연기가 ….

農村( ) ▷ ( )( )
　뜻▶ 농업으로 생업을 삼는 주민이 대부분
　인 마을. 새▶ 부족한 농촌의 일손을 돕다.

◈ 다음 한자漢字의 뜻訓과 소리音를 쓰세요.

漢( )	邑( )	民( )	然( )
植( )	林( )	電( )	話( )

◈ 다음 낱말에 알맞은 한자를 〈보기〉에서 골라 그 번호를 쓰세요.

(1) 동리( )　(2) 장소( )　(3) 안전( ) (4) 산수( )　(5) 동성( )　(6) 정답( )	보기 ① 同姓　② 安電　③ 正答 ④ 安全　⑤ 算數　⑥ 場所 ⑦ 洞里　⑧ 算手

✿ 다음 빈칸에 한자漢字를 쓰세요.

男			女		
사내 남	田부 총7획	口 田 田 甼 男	계집 녀	女부 총3획	く 女 女
長			男		
긴 장	長부 총8획	一 「 F 토 長 長	사내 남	田부 총7획	口 田 田 甼 男
住			所		
살 주	人부 총7획	亻 仁 仁 住 住	바 소	戶부 총8획	彐 戶 所 所 所
安			住		
편안 안	宀부 총6획	丶 宀 宀 安 安	살 주	人부 총7획	亻 仁 仁 住 住
村			家		
마을 촌	木부 총7획	十 木 杧 村 村	집 가	宀부 총10획	宁 宁 家 家 家
農			村		
농사 농	辰부 총13획	曲 严 農 農 農	마을 촌	木부 총7획	十 木 杧 村 村

 도움글

○ **혼동하기 쉬운 한자** ☞ 모양이 비슷하여 혼동하기 쉬운 한자
　예1 村(마을 촌)과 材(재목 재)　　예2 民(백성 민)과 氏(각시 씨)
　예3 弟(아우 제)와 第(차례 제)

❉ 다음 한자漢字를 자세히 익혀봅시다.

長 (長부) 총8획 8급	來 (人부) 총8획 7급	靑 (靑부) 총8획 8급
긴 장	올 래	푸를 청

❉ 다음 한자어漢字語의 뜻을 익혀봅시다.

校長( )▷( )( )
　도▷학교를 관리하고 대표하는 사람.
　예▷조회시간에 교장선생님의 말씀을 듣다.

市長( )▷( )( )
　도▷시를 대표하고 시의 행정을 관장하는
　직에 있는 사람. 예▷시장에 당선되다.

來韓( )▷( )( )
　도▷외국인이 한국에 옴.
　예▷외국 관현악단의 내한 공연.

外來( )▷( )( )
　도▷외국에서 들어오거나 전하여 옴.
　예▷외래 문화의 피해가 심각하다.

靑春( )▷( )( )
　도▷만물이 푸른 '봄'을 이름. '스무 살 안팎
　의 젊은 나이'를 이름. 예▷청춘 남녀.

靑山( )▷( )( )
　도▷푸른 산.
　예▷나비야 청산에 가자.

❉ 다음 중 독음讀音이 바른 것은 ○표, 틀린 것은 ×표 하세요.

植物(식물) – ( )	老年(로년) – ( )	時間(시간) – ( )
不安(불안) – ( )	祖上(시상) – ( )	國旗(국기) – ( )
不正(불정) – ( )	色紙(색지) – ( )	

❉ 다음 □ 속에 들어갈 알맞은 답을 한자로 쓰세요.

	二		四	
六			九	

❀ 다음 빈칸에 한자漢字를 쓰세요.

校		長	
학교 교	木부 총10획　木 杉 朽 朽 校	긴 장	長부 총8획　一 丆 토 토 長
市		長	
저자 시	巾부 총5획　ヽ 亠 亠 市 市	긴 장	長부 총8획　一 丆 토 토 長
來		韓	
올 래/내	人부 총8획　一 巫 来 來 來	나라 한	韋부 총17획　卓 朝 韓 韓 韓
外		來	
바깥 외	夕부 총5획	올 래	人부 총8획　一 巫 来 來 來
靑		春	
푸를 청	靑부 총8획　二 𡗗 主 靑 靑	봄 춘	日부 총9획　三 丰 夫 春 春
靑		山	
푸를 청	靑부 총8획　二 𡗗 主 靑 靑	메 산	山부 총3획　｜ 山 山

○ **상형문자(象形文字)** ☞ 사물(事物)의 모양을 본떠서 만든 문자(文字)
　예 月(달 월)　火(불 화)　水(물 수)　木(나무 목)　川(내 천)
　　 門(문 문)　山(메 산)　車(수레 차/거)

✵ 다음 한자漢字를 자세히 익혀봅시다.

直 (目부) 총8획 7Ⅱ	空 (穴부) 총8획 7Ⅱ	門 (門부) 총8획 8급
곧을 직	빌 공	문 문

✵ 다음 한자어漢字語의 뜻을 익혀봅시다.

直面 (　　) ▷ (　　　)(　　　)
　도▷어떠한 사태에 직접 부닥침.
　用어려움에 직면한 학우를 도와주다.

空氣 (　　) ▷ (　　　)(　　　)
　도▷지구 대기의 하층 부분을 이루고 있는
무색·투명한 기체. 用공기가 맑다.

名門 (　　) ▷ (　　　)(　　　)
　도▷문벌(門閥)이 좋은 집안. 명가(名家).
명벌(名閥). 用명문 대학을 졸업하다.

正直 (　　) ▷ (　　　)(　　　)
　도▷(거짓이나 꾸밈이 없이) 마음이 바르
고 곧음. 用정직한 행동

空白 (　　) ▷ (　　　)(　　　)
　도▷①종이나 책 따위에서 글씨나 그림이 없는
빈 곳 ②아무 것도 없이 빔. 用공백을 메우다.

後門 (　　) ▷ (　　　)(　　　)
　도▷뒷문.
　用후문에서 만나자.

✵ 다음 한자어漢字語의 독음讀音을 쓰세요.

空軍(　　)	村長(　　)	同門(　　)	直言(　　)	來世(　　)
正門(　　)	日直(　　)	邑長(　　)	長男(　　)	江村(　　)
面長(　　)	靑色(　　)	來日(　　)	不孝(　　)	靑軍(　　)

✵ 다음 낱말의 뜻에 해당하는 한자漢字를 〈보기〉에서 찾아 번호를 쓰세요.

(1) 번개(　　)	(2) 장소(　　)	(3) 마을(　　)	〈보기〉 ① 語　② 林　③ 所
(4) 말씀(　　)	(5) 근본(　　)	(6) 수풀(　　)	④ 本　⑤ 電　⑥ 村

❁ **다음 빈칸에 한자**漢字**를 쓰세요.**

直			面		
곧을 직	目부 총8획	一 亠 亣 直 直	낯 면	面부 총9획	丆 丆 而 面 面
正			直		
바를 정	止부 총5획	一 丁 下 正 正	곧을 직	目부 총8획	一 亠 亣 直 直
空			氣		
빌 공	穴부 총8획	宀 宀 灾 空 空	기운 기	气부 총10획	气 气 氣 氣 氣
空			白		
빌 공	穴부 총8획	宀 宀 灾 空 空	흰 백	白부 총5획	丿 亇 白 白 白
名			門		
이름 명	口부 총6획	丿 夕 夕 夕 名	문 문	門부 총8획	冂 冃 門 門 門
後			門		
뒤 후	彳부 총9획	彳 袢 袢 袗 後	문 문	門부 총8획	冂 冃 門 門 門

○「名(이름 명)」자는「各(각각 각)」자와 혼동하기 쉬우니 주의!

○「正直」은 뜻이 서로 비슷한 한자로 결합된 한자어입니다.

✹ 다음 한자漢字를 자세히 익혀봅시다.

命 (口부) 총8획 7급	姓 (女부) 총8획 7Ⅱ	所 (戶부) 총8획 7급
목숨 명	성姓 성	바 소

✹ 다음 한자어漢字語의 뜻을 익혀봅시다.

天命(   ) ▷ (   )(   )
　도 ▶ 타고난 수명(壽命). 하늘의 명령(命令).
　문 천명을 다하다.

生命(   ) ▷ (   )(   )
　도 ▶ 목숨. 사물을 유지하는 기간.
　문 책의 생명은 내용이다.

百姓(   ) ▷ (   )(   )
　도 ▶ '국민'의 예스러운 말. 문벌(門閥)이 높지 않은 여느 사람. 문 백성을 사랑하다.

姓名(   ) ▷ (   )(   )
　도 ▶ 성과 이름. 성함(姓銜). 씨명(氏名).
　문 주소와 성명을 정확하게 쓰도록 하세요.

所有(   ) ▷ (   )(   )
　도 ▶ 자기의 것으로 가지거나 가지고 있음.
　문 개인 소유의 땅을 팔다.

場所(   ) ▷ (   )(   )
　도 ▶ 무엇이 있거나 무슨 일이 벌어지거나 하는 곳. 문 학교를 세울 만한 장소.

✹ 다음 밑줄 친 낱말에 알맞은 한자漢字를 〈보기〉에서 골라 한자어를 완성하세요.

㉮ 세상(1)은 날로 좋아져서 동물(2)들 사이에도 따뜻한 정이 오갔습니다.

㉯ 조그마한 샘물이 흘러서 강(3)이 되고 수도(4)물이 됩니다.

㉰ 모두들 자연(5)을 소중히 생각하고, 이 땅을 살기 좋은 곳으로 만들어야 하겠습니다.

▶ 보기 ◀

物　上　數　然　江　道　自　動　手　子　世　水

(1)	(2)	(3)	(4)	(5)

✳ 다음 빈칸에 한자漢字를 쓰세요.

天		命	
하늘 천	大부 총4획 ˉ ニ チ 天	목숨 명	口부 총8획 ㅅ ㅅ 合 合 命
生		命	
날 생	生부 총5획 丿 ㅅ ㅌ 生 生	목숨 명	口부 총8획 ㅅ ㅅ 合 合 命
百		姓	
일백 백	白부 총6획 ˉ ㄱ 万 万 百	성 성	女부 총8획 ㅅ 女 女- 姓 姓
姓		名	
성 성	女부 총8획 ㅅ 女 女- 姓 姓	이름 명	口부 총6획 丿 ク タ タ 名
所		有	
바 소	戸부 총8획 冫 户 所 所 所	있을 유	月부 총6획 丿 ナ ナ 冇 有 有
場		所	
마당 장	土부 총12획 土 坦 坦 塌 場	바 소	戸부 총8획 冫 户 所 所 所

✳ 다음 낱말에 알맞은 한자어를 〈보기〉에서 골라 번호를 쓰세요.

(1) 정직( )	(2) 입동( )	(3) 전력( )	〈보기〉 ① 平地 ② 年老 ③ 空氣
(4) 연로( )	(5) 평지( )	(6) 공기( )	④ 正直 ⑤ 立冬 ⑥ 電力

◎ 다음 한자漢字를 자세히 익혀봅시다.

東 (木부) 총8획 8급	林 (木부) 총8획 7급	花 (艸부) 총8획 7급
동녘 동	수풀 림	꽃 화

◎ 다음 한자어漢字語의 뜻을 익혀봅시다.

東海( ) ▷ ( )( )
　도▷ 육지(陸地)의 동쪽에 있는 바다.
　용▷ 여름이면 동해로 피서를 떠난다.

東方( ) ▷ ( )( )
　도▷ 동쪽. 동부 지역. 동쪽 지방.
　용▷ 동방의 예의 바른 나라

花林( ) ▷ ( )( )
　도▷ 꽃나무의 숲.
　용▷ 봄이면 친구들과 화림에서 뛰어 놀았다.

林立( ) ▷ ( )( )
　도▷ 숲의 나무들처럼 죽 늘어섬.
　용▷ 고층 빌딩이 임립한 아파트 단지

花草( ) ▷ ( )( )
　도▷ 꽃이 피는 풀과 나무.
　용▷ 할머니는 화초를 정성으로 가꾸신다.

百花( ) ▷ ( )( )
　도▷ 온갖 꽃. 여러 가지 꽃.
　용▷ 산에는 백화가 만발하였다.

◎ 다음 한자의 뜻과 서로 반대되는 한자를 아래 〈보기〉에서 찾아 쓰세요.

( ) ↔ 後　　　( ) ↔ 答　　　( ) ↔ 學

( ) ↔ 月　　　( ) ↔ 入　　　( ) ↔ 西

▶ 보기 ◀

敎　北　東　全　日　前　山　聞　出　校　問　火

○「林立」에서 「林」자는 「두음법칙」에 의하여 첫 음절이 변합니다.

○ 독음은 같으나 뜻이 다른 한자어
　① 白花(백화) : 흰 꽃.　② 百花(백화) : 온갖 꽃. 여러 가지 꽃.

다음 빈칸에 한자漢字를 쓰세요.

東				海			
동녘 동	木부 총8획	𠫤 𠮛 申 東 東		바다 해	水부 총10획	氵 汇 海 海 海	
東				方			
동녘 동	木부 총8획	𠫤 𠮛 申 東 東		모 방	方부 총4획	丶 亠 亍 方	
花				林			
꽃 화	艸부 총8획	艹 艹 艹 花 花		수풀 림	木부 총8획	木 木 杧 材 林	
林				立			
수풀 림/임	木부 총8획	木 木 杧 材 林		설 립	立부 총5획	丶 亠 亠 亣 立	
花				草			
꽃 화	艸부 총8획	艹 艹 艹 花 花		풀 초	艸부 총10획	艹 芇 芇 茞 草	
百				花			
일백 백	白부 총6획	丆 丆 百 百 百		꽃 화	艸부 총8획	艹 艹 艹 花 花	

다음 낱말에 알맞은 한자어를 〈보기〉에서 골라 번호를 쓰세요.

(1) 내년(　　)	(2) 불안(　　)	(3) 차도(　　)	〈보기〉 ① 車道 ② 自主 ③ 地方
(4) 지방(　　)	(5) 자주(　　)	(6) 이장(　　)	④ 不安 ⑤ 里長 ⑥ 來年

❀ 다음 한자漢字를 자세히 익혀봅시다.

育 (肉부) 총8획 7급	物 (牛부) 총8획 7Ⅱ	事 (亅부) 총8획 7Ⅱ
기를 육	물건 물	일 사

❀ 다음 한자어漢字語의 뜻을 익혀봅시다.

教育( ) ▷ ( )( )
　🔲▷지식을 가르치고 품성과 체력을 기름.
　🔲 교육은 백년의 계획

動物( ) ▷ ( )( )
　🔲▷길짐승·날짐승·물고기·벌레·사람
따위를 통틀어 이르는 말. 🔲 동물의 왕국

農事( ) ▷ ( )( )
　🔲▷논이나 밭에 곡류·채소·과일 등을 심
어 가꾸는 일. 🔲 농사를 배우다.

生育( ) ▷ ( )( )
　🔲▷생물이 태어나서 자람. 낳아서 기름.
　🔲 동물원의 고래는 생육 5개월이 되었다.

物心( ) ▷ ( )( )
　🔲▷물질적인 것과 정신적인 것.
　🔲 가난한 사람을 물심으로 도와주었다.

食事( ) ▷ ( )( )
　🔲▷사람이 끼니로 음식을 먹는 일, 또는
그 음식. 🔲 식사시간은 언제나 즐거워!

❀ 다음 중 설명이 맞는 것은 ○표, 틀린 것은 ✕표 하세요.

(1) 「育」자의 부수는 「肉=月(고기 육)」이며, 총획수는 「7획」이다. ············ ( )

(2) 「物」자는 「牛(소 우)」자와 「勿(말 물)」자를 결합한 글자이다. ············ ( )

(3) 「花」자에서 「匕(비수 비)」자는 「丿(삐침)」을 먼저 쓴다. ·················· ( )

(4) 「動」자에서 「力(힘 력)」자는 「丿(삐침)」을 먼저 쓴다. ·················· ( )

(5) 「面」자의 뜻은 「낯」이며, 「밤」의 뜻에 상대되는 말이다. ·················· ( )

　○「育」자의 부수는 「肉(고기 육)」이나 글자 속에서는 「月」와 같은 모양으로 쓰기도 합니다.
　○「動物」은 생물계의 두 갈래 가운데 하나로, 「植物식물」과 상대되는 말입니다.

✹ **다음 빈칸에 한자**漢字**를 쓰세요.**

敎		育	
가르칠 교	攴부 총11획 ᅮ ᅔ ᅔ 孝 敎 教	기를 육	肉부 총8획 ᅳ ᅶ ᅷ 育 育
生		育	
날 생	生부 총5획 ノ ゲ 냐 牛 生	기를 육	肉부 총8획 ᅳ ᅶ ᅷ 育 育
動		物	
움직일 동	力부 총11획 重 重 重 動 動	물건 물	牛부 총8획 ノ ゲ 牜 牞 物
物		心	
물건 물	牛부 총8획 ノ ゲ 牜 牞 物	마음 심	心부 총4획 ノ 心 心 心
農		事	
농사 농	辰부 총13획 曲 严 農 農 農	일 사	J부 총8획 一 弖 写 写 事
食		事	
먹을 식	食부 총9획 今 今 食 食 食	일 사	J부 총8획 一 弖 写 写 事

 도 움 글

○ 독음은 같으나 뜻이 다른 한자어

① 不動(부동) : 움직이지 않음. 흔들리지 않음.　② 不同(부동) : 서로 같지 않음. 다름.

③ 地面(지면) : 땅의 표면. 땅바닥.　④ 紙面(지면) : 종이의 겉면. 紙上.

✽ 다음 한자漢字를 자세히 익혀봅시다.

金 (金부) 총8획 8급	便 (人부) 총9획 7급	面 (面부) 총9획 7급
쇠 금·성 김	편할 편	낮 면

✽ 다음 한자어漢字語의 뜻을 익혀봅시다.

金色( ) ▷ ( )( )
ᄃᆞ▶황금과 같이 누런 빛깔.
활▶옷에 달린 금색 단추가 반짝거립니다.

萬金( ) ▷ ( )( )
ᄃᆞ▶매우 많은 돈.
활▶만금을 준다해도 부정한 일은 안해!

不便( ) ▷ ( )( )
ᄃᆞ▶편하지 아니함. 편리하지 아니함.
활▶몸이 불편하다. 활 교통이 몹시 불편하다.

便紙( ) ▷ ( )( )
ᄃᆞ▶상대편에게 전하고 싶은 일 등을 적어 보내는 글. 서간. 서신. 활 편지 왕래

平面( ) ▷ ( )( )
ᄃᆞ▶①평평한 표면. ②면 위의 어떤 두 점을 지나는 직선이 그 면 위에 놓이게 되는 면.

外面( ) ▷ ( )( )
ᄃᆞ▶거죽. 겉. 대면하기를 꺼리어 얼굴을 돌림. 활 서진이는 친구를 보고도 외면하였다.

✽ 다음 한자어漢字語의 독음讀音을 쓰세요.

山村( ) 孝女( ) 全面( ) 靑年( ) 大門( )
門外漢( ) 門下生( ) 靑少年( )

✽ 다음 □ 속에 들어갈 알맞은 답을 한자漢字로 쓰세요.

| 五 | | 十五 | | 三十 | | 四十五 | |

○「萬金」에서「萬」자는「많다」를 뜻합니다.
○「門外漢」에서「漢」자는「일부 명사 뒤에 붙어서 그와 관련된 사람의 뜻을 더하는 접미사」입니다.

❊ 다음 빈칸에 한자漢字를 쓰세요.

金			色		
쇠 금	金부 총8획	人 今 수 수 金 金	빛 색	色부 총6획	ク タ タ 毛 色
萬			金		
일만 만	艸부 총13획	艹 苩 萬 萬 萬	쇠 금	金부 총8획	人 今 수 수 金 金
不			便		
아닐 불	一부 총4획	一 ア 不 不	편할 편	人부 총9획	亻 仁 佢 佢 便
便			紙		
편할 편	人부 총9획	亻 亻 佢 佢 便	종이 지	糸부 총10획	幺 糸 紅 紙 紙
平			面		
평평할 평	干부 총5획	一 一 二 平 平	낯 면	面부 총9획	一 丙 而 而 面
外			面		
바깥 외	夕부 총5획	ノ ク タ 外 外	낯 면	面부 총9획	一 丙 而 而 面

○ 「便」자는 뜻에 따라 소리가 변하는 글자이므로 주의하여 발음해야 합니다.
　　[1] 便利(편리) ▷ (편할편)(이할　리)　　　[2] 便所(변소) ▷ (똥오줌 변)(바　소)
　　[3] 小便(소변) ▷ (작을 소)(똥오줌 변)

❋ 다음 한자漢字를 자세히 익혀봅시다.

室 (宀부) 총9획 8급	洞 (水부) 총9획 7급	春 (日부) 총9획 7급
집 실	골 동	봄 춘

❋ 다음 한자어漢字語의 뜻을 익혀봅시다.

敎室(   ) ▷ (   )(   )
　도 ▶ 학교에서 주로 수업에 쓰는 방.
　에 교실을 깨끗하게 정리하였다.

入室(   ) ▷ (   )(   )
　도 ▶ 방에 들어감.
　에 입실하기 전에 몸을 청결히….

洞長(   ) ▷ (   )(   )
　도 ▶ 동의 사무를 통할(統轄)하는 사람.
　에 동장과 마을 사람들이 청소에 참여하였다.

洞內(   ) ▷ (   )(   )
　도 ▶ 동네 안. 동중(洞中).
　에 동내를 한 바퀴 돌다.

春秋(   ) ▷ (   )(   )
　도 ▶ ①봄과 가을. ②남을 높이어 그의 '나이'를 이르는 말. 에 올해 춘추가 어떻게 되십니까?

立春(   ) ▷ (   )(   )
　도 ▶ 이십사절기의 하나. 2월 4일경. [이 무렵에 봄이 시작된다고 함] 에 입춘대길

❋ 다음 한자어漢字語의 독음讀音을 쓰세요.

十分(   )　八字(   )　八面(   )　山川草木(   )

一名(   )　四方(   )　一人(   )　二八靑春(   )

┌─ [도움한자] ─────────────────
分(나눌 분 : 刀-총4획)　　字(글자 자 : 子-총 6획)　　靑(푸를 청 : 靑-총8획)

川(내   천 : 巛-총3획)　　草(풀   초 : 艸-총10획)　　春(봄   춘 : 日-총9획)
└───────────────────────────

도 움 글
　○「春秋」는 뜻이 서로 상대되는 한자로 결합된 한자어입니다.
　○「立」자는 본음이「립」이나「立春」에서는 두음법칙에 의해「입」으로 읽고 적습니다.

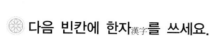

다음 빈칸에 한자漢字를 쓰세요.

敎				室			
가르칠 교	攴부 총11획	乂 耂 孝 孝 敎		집 실	宀부 총9획	宀 宀 宀 宀 室	
入				室			
들 입	入부 총2획	丿 入		집 실	宀부 총9획	宀 宀 宀 宀 室	
洞				長			
골 동	水부 총9획	氵 氵 汈 泂 洞		긴 장	長부 총8획	一 厂 F 镸 長	
洞				內	內		
골 동	水부 총9획	氵 氵 汈 泂 洞		안 내	入부 총4획	丨 冂 內 內	
春				秋			
봄 춘	日부 총9획	三 夫 夫 春 春		가을 추	禾부 총9획	二 禾 禾 秒 秋	
立				春			
설 립/입	立부 총5획	丶 亠 亠 立 立		봄 춘	日부 총9획	三 夫 夫 春 春	

도움글

○「立」자는 「大」자와 「一」자를 합하여 만든 글자입니다. 여기에서 「大」자는 「사람」을 뜻하고, 「一」자는 「땅」을 뜻하여 「사람이 땅에 서 있음」을 뜻합니다.

참1 童(아이 동) 참2 竝(나란히 병) 참3 競(다툴 경) 참4 章(글 장) 참5 端(끝 단, 바를 단)

❊ 다음 한자漢字를 자세히 익혀봅시다.

重 (里부) 총9획 7급	軍 (車부) 총9획 8급	食 (食부) 총9획 7II
무거울 중	군사 군	먹을 식

❊ 다음 한자어漢字語의 뜻을 익혀봅시다.

自重(　　　) ▷ (　　　)(　　　)
도▶①자기 스스로를 소중하게 여김. ②품위를 지켜 몸가짐을 무겁게 함. 자중 자애(自愛)하다.

重力(　　　) ▷ (　　　)(　　　)
도▶지표 부근의 물체를 지구의 중심 방향으로 끌어당기는 힘. 중력의 힘

國軍(　　　) ▷ (　　　)(　　　)
도▶나라의 군대. 우리나라의 군대. 국군을 파견하다.

軍民(　　　) ▷ (　　　)(　　　)
도▶군인과 민간인. 군대와 민간(民間). 군민이 합심하여 피해를 복구하였다.

間食(　　　) ▷ (　　　)(　　　)
도▶끼니 이외에 음식을 먹음, 또는 그 음식. 간식으로 과일을 먹었다.

火食(　　　) ▷ (　　　)(　　　)
도▶불에 익힌 음식을 먹음, 또는 그 음식. 여름철에는 화식해야 한다.

❊ 다음 한자어漢字語의 독음讀音을 쓰세요.

食事(　　)	軍旗(　　)	住所(　　)	生活(　　)	食前(　　)
室內(　　)	洞里(　　)	人命(　　)	重大(　　)	活力(　　)

❊ 다음은 두 개의 한자가 서로 결합되어 만들어진 글자입니다. (　　) 속에 한자의 훈과 음을 쓰세요.

⑴海(　　)＝水(　　)＋每(　　)　⑵休(　　)＝人(　　)＋木(　　)

○「軍」자의 부수인 「車」자는 「전차戰車」를 뜻합니다.
○「間食」에서 「間」자는 「아침, 점심, 저녁과 같이 일정한 시간」을 뜻합니다.

✽ **다음 빈칸에 한자漢字를 쓰세요.**

自		重	
스스로 자	自부 총6획 ´ ⺅ ⼣ 自 自	무거울 중	里부 총9획 ⼀ 듭 重 重 重
重		力	
무거울 중	里부 총9획 ⼀ 듭 重 重 重	힘 력	力부 총2획 ⼅ 力
國		軍	
나라 국	口부 총11획 同 圀 國 國 國	군사 군	車부 총9획 冖 듭 冒 宣 軍
軍		民	
군사 군	車부 총9획 冖 듭 冒 宣 軍	백성 민	氏부 총5획 ⺀ ⼀ ⼫ ⺁ 民
間		食	
사이 간	門부 총12획 ⼁ ⺄ 門 門 間	먹을 식	食부 총9획 今 舍 食 食 食
火		食	
불 화	火부 총4획 ⼂ ⼋ 少 火	먹을 식	食부 총9획 今 舍 食 食 食

 도움글

○ 독음은 같으나 뜻이 다른 한자어

㉠門人(문인) : 문하에서 가르침을 받는 사람. ㉡文人(문인) : 문필이나 문예 창작에 종사하는 사람.
㉢軍旗(군기) : 부대를 상징하는 기. ㉣軍氣(군기) : 군대의 사기.

⊛ 다음 한자_{漢字}를 자세히 익혀봅시다.

秋 (禾부) 총9획 7급	活 (水부) 총9획 7Ⅱ	前 (刀부) 총9획 7Ⅱ
가을 추	살 활	앞 전

⊛ 다음 한자어_{漢字語}의 뜻을 익혀봅시다.

千秋 ( ) ▷ ( )( )
　圖▸ 긴 세월. 먼 미래.
　用▸ 천추의 한(恨)을 남기다.

活動 ( ) ▷ ( )( )
　圖▸ 어떤 일을 이루려고 애씀.
　用▸ 아침부터 부지런히 활동하였다.

面前 ( ) ▷ ( )( )
　圖▸ 보고 있는 앞. 눈앞.
　用▸ 면전에서 크게 꾸짖다.

秋天 ( ) ▷ ( )( )
　圖▸ 가을 하늘. 추공(秋空). 쓿1 推薦(추천)
　: 남에게 권함. 쓿2 鞦韆(추천) : 그네.

自活 ( ) ▷ ( )( )
　圖▸ 자기 스스로의 힘으로 살아감.
　用▸ 자활을 위한 직업 교육을 실시하다.

前方 ( ) ▷ ( )( )
　圖▸ 앞쪽. 적을 바로 마주하고 있는 지역,
　또는 그쪽. 用▸ 전방을 보세요.

⊛ 다음 중 설명이 맞는 것은 ○표, 틀린 것은 ×표 하세요.

(1) 「全」자는 「人(사람 인)」자와 「王(임금 왕)」자를 합친 글자입니다. ········· ( )

(2) 「方」는 필순은 「ヽ 一 亠 亏 方」의 순으로 씁니다. ················· ( )

(3) 「教」자는 「학교, 배움」 등의 뜻으로 쓰이는 글자입니다. ········· ( )

(4) 「便所」는 「편소」라고 읽습니다. ···················· ( )

(5) 「不正」은 「부정」이라고 읽고, 「不便」은 「불편」이라고 읽습니다. ····· ( )

○ 독음은 같으나 뜻이 다른 한자어
　①**名文**(명문) : 매우 잘 지은 글. 이름난 글.　②**名門**(명문) : 문벌이 좋은 집안. 名家.

❀ 다음 빈칸에 한자漢字를 쓰세요.

千		秋	
일천 천	十부 총3획 ´ 二 千	가을 추	禾부 총9획 二 禾 禾 秒 秋
秋		天	
가을 추	禾부 총9획 二 禾 禾 秒 秋	하늘 천	大부 총4획 一 二 于 天
活		動	
살 활	水부 총9획 氵 氵 氵 汗 活	움직일 동	力부 총11획 重 重 重 動 動
自		活	
스스로 자	自부 총6획 ´ 亻 冂 自 自	살 활	水부 총9획 氵 氵 氵 汗 活
面		前	
낯 면	面부 총9획 一 丙 而 面 面	앞 전	刀부 총9획 丷 丷 产 前 前
前		方	
앞 전	刀부 총9획 丷 丷 产 前 前	모 방	方부 총4획 ` 一 宁 方

❀ 다음 낱말에 알맞은 한자어를 〈보기〉에서 골라 번호를 쓰세요.

(1) 읍내( )	(2) 주소( )	(3) 시장( )	보기	① 農村 ② 市長 ③ 邑內
(4) 농촌( )	(5) 부족( )	(6) 내한( )		④ 來韓 ⑤ 住所 ⑥ 不足

✳ 다음 한자漢字를 자세히 익혀봅시다.

後 (彳부) 총9획 7Ⅱ	南 (十부) 총9획 8급	草 (艸부) 총10획 7급
뒤 후	남녘 남	풀 초

✳ 다음 한자어漢字語의 뜻을 익혀봅시다.

後天(　　) ▷ (　　)(　　)
도▶ 태어난 뒤에 경험이나 지식을 통해 지니게 되는 일. 판 선천(先天).

南海(　　) ▷ (　　)(　　)
도▶ 남쪽 바다. 한반도 남쪽 연안의 바다 이름. 예 남해 한려수도

草食(　　) ▷ (　　)(　　)
도▶ 푸성귀나 풀만 먹음. 예 초식 동물을 관찰하다.

後食(　　) ▷ (　　)(　　)
도▶ 식사 후에 먹는 과자나 과실 따위. 예 식사비 보다 후식비가 비싸다니!

南村(　　) ▷ (　　)(　　)
도▶ 남쪽에 있는 마을. 예 해마다 남촌에서 봄바람이 불어오네.

草家(　　) ▷ (　　)(　　)
도▶ 볏짚이나 밀짚·갈대 따위로 이엉을 엮어 지붕을 이은 집. 예 초가를 보존하다.

✳ 다음 한자에 알맞은 뜻을 아래 〈보기〉에서 찾아 번호를 쓰세요.

外(　　) 市(　　) 話(　　) 植(　　) 民(　　) 空(　　)
登(　　) 算(　　) 直(　　) 長(　　) 來(　　) 生(　　)

▶ 보기 ◀
① 시장　②심다　③낳다　④오르다　⑤어른　⑥비다
⑦곧다　⑧셈하다　⑨바깥　⑩오다　⑪백성　⑫말씀

 도 움 글

○「長」자는「길다, 어른」등의 뜻으로 쓰이는 글자입니다. 예 校長(교장) ▷ (학교 교)(어른 장)
○독음은 같으나 뜻이 다른 한자어
　1 後門(후문) : 뒷문. 판 정문(正門).　2 後聞(후문) : 뒷소문.

❀ 다음 빈칸에 한자漢字를 쓰세요.

後		天	
뒤 후	彳부 총9획 彳 彷 往 後 後	하늘 천	大부 총4획 一 二 于 天
後		食	
뒤 후	彳부 총9획 彳 彷 往 後 後	먹을 식	食부 총9획 今 今 食 食 食
南		海	
남녘 남	十부 총9획 十 广 门 南 南	바다 해	水부 총10획 氵 汁 海 海 海
南		村	
남녘 남	十부 총9획 十 广 门 南 南	마을 촌	木부 총7획 十 木 朮 村 村
草		食	
풀 초	艸부 총10획 艹 艻 芇 芇 草	먹을 식	食부 총9획 今 今 食 食 食
草		家	
풀 초	艸부 총10획 艹 艻 芇 芇 草	집 가	宀부 총10획 宀 宇 宇 家 家

❀ 다음 훈과 음에 알맞은 한자를 〈보기〉에서 골라 번호를 쓰세요.

(1) 꽃 화( ) (2) 무거울 중( ) (3) 빌 공( )	〈보기〉 ① 活 ② 育 ③ 重
(4) 기를 육( ) (5) 성 성( ) (6) 살 활( )	④ 花 ⑤ 姓 ⑥ 空

✽ 다음 한자漢字를 자세히 익혀봅시다.

家 (宀부) 총10획 7Ⅱ	氣 (气부) 총10획 7Ⅱ	夏 (夊부) 총10획 7급
집 가	기운 기	여름 하

✽ 다음 한자어漢字語의 뜻을 익혀봅시다.

家門( ) ▷ ( )( )
　도▶ 집안. 문중.
　예 양반의 가문에서 태어난 홍길동.

活氣( ) ▷ ( )( )
　도▶ 활발한 기운(氣運)이나 기개(氣槪).
　예 활기찬 학교 생활

立夏( ) ▷ ( )( )
　도▶ 이십사절기의 하나. [5월 6일경. 이 무렵
에 여름이 시작된다고 함]

民家( ) ▷ ( )( )
　도▶ 일반 백성들이 사는 살림집.
　예 배고픈 산짐승들이 민가를 습격하였다.

氣力( ) ▷ ( )( )
　도▶ 사람이 몸으로 활동할 수 있는 힘.
　예 앓고 났더니 기력이 없다.

夏冬( ) ▷ ( )( )
　도▶ 여름과 겨울.
　예 하동 날씨는 몹시 덥고 몹시 춥다.

✽ 다음은 두 개의 한자가 서로 결합되어 만들어진 글자입니다. ( ) 속에 한자의 훈과 음을 쓰세요.

(1)住( )=人( )+主( )	(2)間( )=門( )+日( )
(3)姓( )=女( )+生( )	(4)百( )=一( )+白( )
(5)植( )=木( )+直( )	(6)全( )=入( )+王( )

 도움글

○「立」자는 본음이 「립」이나 「立夏」에서는 두음법칙에 의해 「입」으로 읽고 적습니다.
○「夏冬」은 뜻이 서로 상대되는 한자로 결합된 한자어입니다.

❀ **다음 빈칸에 한자**漢字**를 쓰세요.**

家		門	
집 가	宀부 총10획 宀宀家家家	문 문	門부 총8획 冂冂門門門
民		家	
백성 민	氏부 총5획 フコヲ戸民	집 가	宀부 총10획 宀宀家家家
活		氣	
살 활	水부 총9획 氵氵汻汻活	기운 기	气부 총10획 气気気氣氣
氣		力	
기운 기	气부 총10획 气気気氣氣	힘 력	力부 총2획 フ力
立		夏	
설 립/입	立부 총5획 ﾞ二二立立	여름 하	夂부 총10획 百百頁夏夏
夏		冬	
여름 하	夂부 총10획 百百頁夏夏	겨울 동	冫부 총5획 ﾉク冬冬冬

○ 독음은 같으나 뜻이 다른 한자어

同姓(동성) : 같은 성씨. 同性(동성) : 남녀, 암수의 같은 성. 凼이성(異性). ※性5급(성품 성)

同時(동시) : 같은 때. 같은 시간. 童詩(동시) : 동심의 세계를 표현한 시. ※詩4급Ⅱ(시 　시)

同期(동기) : 같은 시기. 같은 연도. 同氣(동기) : '형제, 자매'를 통틀어 이르는 말.

✳ 다음 한자漢字를 자세히 익혀봅시다.

時 (日부) 총10획 7Ⅱ	記 (言부) 총10획 7Ⅱ	紙 (糸부) 총10획 7급
때 시	기록할 기	종이 지

✳ 다음 한자어漢字語의 뜻을 익혀봅시다.

時間( ) ▷ ( )( )

도▶어떤 시각에서 다른 시각까지의 동안, 또는 그 길이. 例 연습 *시간*이 부족하다.

記事( ) ▷ ( )( )

도▶사실을 적음. 어떠한 사실을 알리는 글. 例 신문 보도 *기사*를 읽다.

紙面( ) ▷ ( )( )

도▶①종이의 겉면. ②신문의 기사가 실린 종이의 면. 例 *지면*을 아껴 활용하자!

校時( ) ▷ ( )( )

도▶학교의 수업 시간의 단위. 例 5교시 국어 시간.

日記( ) ▷ ( )( )

도▶그날그날 겪은 일이나 감상 등을 적은 개인의 기록. 例 그림일기

休紙( ) ▷ ( )( )

도▶①못쓰게 된 종이. ②허드레로 쓰는 종이. 例 *휴지*를 모아 재활용하였다.

✳ 다음 한자어漢字語의 독음讀音을 쓰세요.

來年( )	村老( )	直立( )	白紙( )
每時( )	便紙( )	母女( )	紙物( )
住民( )	直前( )	金色( )	入室( )
立春( )	重力( )	千秋( )	洞內( )

 도 움 글

○「門」자와 관련된 글자의 부수

•門(문) : 門부 •間(간) : 門부 •閑(한) : 門부 •問(문) : 口부 •聞(문) : 耳부

❊ 다음 빈칸에 한자漢字를 쓰세요.

時		間	
때 시	日부 총10획 日 日⁺ 昨 時 時	사이 간	門부 총12획 ⻔ ⻔ 門 門 間
校		時	
학교 교	木부 총10획 木 村 杦 栌 校	때 시	日부 총10획 日 日⁺ 昨 時 時
記		事	
기록할 기	言부 총10획 言 言 記 記 記	일 사	亅부 총8획 一 亐 写 写 事
日		記	
날 일	日부 총4획 ㅣ 冂 月 日	기록할 기	言부 총10획 言 言 記 記 記
紙		面	
종이 지	糸부 총10획 乡 糸 紅 紅 紙	낯 면	面부 총9획 一 丙 而 面 面
休		紙	
쉴 휴	人부 총6획 亻 亻 什 休 休	종이 지	糸부 총10획 乡 糸 紅 紅 紙

❊ 다음 빈칸에 들어갈 알맞은 한자를 〈보기〉에서 골라 번호를 쓰세요.

(1) 正直(　) (2) 空白(　) (3) 手話(　)	〈보기〉 ① 수화 ② 육월 ③ 정직 ④ 유월
(4) 六月(　) (5) 不動(　) (6) 人夫(　)	⑤ 인부 ⑥ 공백 ⑦ 부동 ⑧ 인천

◈ 다음 한자漢字를 자세히 익혀봅시다.

海 (水부) 총10획 7II	校 (木부) 총10획 8급	祖 (示부) 총10획 7급
바다 해	학교 교	할아비 조

◈ 다음 한자어漢字語의 뜻을 익혀봅시다.

海上(　　) ▷ (　　)(　　)
[도] ▸ 바다 위.
[례] 이순신 장군의 해상전투를 영화로 만들다.

海物(　　) ▷ (　　)(　　)
[도] ▸ 바다에서 나는 산물(産物). 해산물.
[례] 바다에서 직접 해물을 구입한다.

學校(　　) ▷ (　　)(　　)
[도] ▸ 일정한 교육 목적 아래 교사가 지속적으로 교육을 하는 기관. [례] 상급 학교 진학

校歌(　　) ▷ (　　)(　　)
[도] ▸ 그 학교의 기풍(氣風)을 떨쳐 일으키기 위하여 만든 노래. [례] 교가제창

祖上(　　) ▷ (　　)(　　)
[도] ▸ 같은 혈통의, 할아버지 이상의 대대의 어른. [례] 조상 대대로 살아온 이 땅.

外祖(　　) ▷ (　　)(　　)
[도] ▸ 외할아버지. 외조부(外祖父).
[례] 외조부를 마중하다.

◈ 다음 한자어漢字語의 뜻을 쓰세요.

(1) 母校 ················ (　　　　)

(2) 祖父 ················ (　　　　)

(3) 四海 ················ (　　　　)

(4) 東問西答 ················ (　　　　)

○ 「海上」에서 「上」자는 「위」를 뜻하고, 「祖上」에서의 「上」자는 「이상以上 : 기준보다 앞이나 위」를 뜻합니다.
○ 「外祖」에서 「外」자는 「외가外家」를 뜻합니다.

다음 빈칸에 한자漢字를 쓰세요.

海			上		
바다 해	水부 총10획	氵 汇 海 海 海	윗 상	一부 총3획	丨 ⺊ 上
海			物		
바다 해	水부 총10획	氵 汇 海 海 海	물건 물	牛부 총8획	⺈ 牛 牛 牞 物
學			校		
배울 학	子부 총16획	丨 𦥑 𦥑 與 學	학교 교	木부 총10획	木 杧 杧 校 校
校			歌		
학교 교	木부 총10획	木 杧 杧 校 校	노래 가	欠부 총14획	吕 哥 哥 歌 歌
祖			上		
할아비 조	示부 총10획	丶 礻 礻 祖 祖	윗 상	一부 총3획	丨 ⺊ 上
外			祖		
바깥 외	夕부 총5획	丿 ク 夕 夘 外	할아비 조	示부 총10획	丶 礻 礻 祖 祖

도움글

○ 호칭과 촌수

1 **呼稱**(호칭) : 서로의 관계를 이름지어 부르는 것. 예 **叔父**(숙부)=작은아버지(○), 삼촌(×)

2 **寸數**(촌수) : 친족 간의 멀고 가까운 관계를 나타내는 수. 예 **三寸**(삼촌), **四寸**(사촌) …

※ 작은아버지를 숙부(叔父)라고도 부르지만, 삼촌(三寸)이라고 부르는 것은 잘못된 것입니다.

❋ 다음 한자漢字를 자세히 익혀봅시다.

問 (口부) 총11획 7급	動 (力부) 총11획 7II	弟 (弓부) 총7획 8급
물을 문	움직일 동	아우 제

❋ 다음 한자어漢字語의 뜻을 익혀봅시다.

問安(　　　) ▷ (　　　)(　　　)
　도 ▷ 웃어른에게 안부(安否)를 물음.
　문 문안 편지.

學問(　　　) ▷ (　　　)(　　　)
　도 ▷ 지식을 배워서 익힘.
　문 학문에 정진(精進)하다.

自動(　　　) ▷ (　　　)(　　　)
　도 ▷ (기계 따위가) 제 힘으로 움직임.
　문 기계들이 자동으로 작동된다.

不動(　　　) ▷ (　　　)(　　　)
　도 ▷ 움직이지 않음. 마음이 안정되어 흔들리지 않음. 문 나라를 위한 부동한 신념.

兄弟(　　　) ▷ (　　　)(　　　)
　도 ▷ 형과 아우.
　문 선현이와 선본이는 다정한 형제이다.

弟子(　　　) ▷ (　　　)(　　　)
　도 ▷ 스승의 가르침을 받거나 받은 사람.
　문 제자들이 스승을 찾아 학교를 방문하였다.

❋ 다음 한자어漢字語의 독음讀音을 쓰세요.

活動(　　)	外家(　　)	洞口(　　)	草色(　　)	出家(　　)
氣分(　　)	海里(　　)	農家(　　)	家內(　　)	下問(　　)
國有林(　　)	植民地(　　)	外來語(　　)	萬國旗(　　)	

 도움글

○「學問」은「學文학문 : 시서詩書・육예六藝를 배우는 일」으로 쓰는 경우가 있으나 뜻이 달라지는 것에 유의해야 합니다.

○「不」자는「不動」과 같이「ㄷ」이나「ㅈ」으로 시작하는 명사 앞에서「부」로 읽고 적습니다.

※ 다음 빈칸에 한자漢字를 쓰세요.

問			安		
물을 문	口부 총11획 丨 丨 門 門 問		편안 안	宀부 총6획 丶 宀 安 安	
學			問		
배울 학	子부 총16획 ﹁ 臼 臼 學 學		물을 문	口부 총11획 丨 丨 門 門 問	
自			動		
스스로 자	自부 총6획 丶 丨 自 自 自		움직일 동	力부 총11획 重 重 重 動 動	
不			動		
아닐 불/부	一부 총4획 ㄧ ㄱ 不 不		움직일 동	力부 총11획 重 重 重 動 動	
兄			弟		
형 형	儿부 총5획 丶 丨 口 尸 兄		아우 제	弓부 총7획 丷 ㇍ 弟 弟	
弟			子		
아우 제	弓부 총7획 丷 ㇍ 弟 弟		아들 자	子부 총3획 ㄱ 了 子	

○ 독음은 같으나 뜻이 다른 한자어

① 公海(공해) : 어느 나라의 주권에도 딸리지 않아 모든 나라가 공통으로 사용할 수 있는 바다.

② 公害(공해) : 산업 활동이나 교통량의 증가 때문에 공중의 건강이나 생활환경에 미치는 해로운 것

③ 空海(공해) : ①하늘처럼 끝없는 바다. ②바다와 같은 푸른 하늘.

✳ 다음 한자漢字를 자세히 익혀봅시다.

教 (攴부) 총11획 8급	國 (口부) 총11획 8급	間 (門부) 총12획 7Ⅱ
가르칠 교	나라 국	사이 간

✳ 다음 한자어漢字語의 뜻을 익혀봅시다.

教學(   ) ▷ (   )(   )
　도 ▶ ①교육과 학문. ②가르치는 일과 배우는 일. 例 교학하며 서로 길러주다.

文教(   ) ▷ (   )(   )
　도 ▶ 학문이나 교육으로 사람을 가르치고 교화(教化)하는 일. 例 문교정책.

國花(   ) ▷ (   )(   )
　도 ▶ 국민이 가장 사랑하여, 그 나라의 상징으로 삼는 꽃. 例 우리나라 국화는 무궁화입니다.

國手(   ) ▷ (   )(   )
　도 ▶ ①이름난 의사(醫師). ②장기나 바둑 따위의 기량이 한 나라에서 으뜸가는 사람.

世間(   ) ▷ (   )(   )
　도 ▶ 사람들이 살아가는 곳.
　例 세간에 떠도는 소문.

空間(   ) ▷ (   )(   )
　도 ▶ 아무 것도 없이 비어 있는 곳.
　例 지면의 공간. 例 건물의 공간.

✳ 다음 밑줄 친 낱말의 뜻을 가진 한자漢字를 아래의 〈보기〉에서 찾아 쓰세요.

①　"이것은 <u>엄마</u>가 공부하던 책상이야." ……………………… (   )
②　소년이 <u>길</u>을 가다가 말했습니다. ………………………………… (   )
③　산마다 <u>푸른</u> 숲이 우거져 있습니다. ……………………………… (   )
④　벽에 걸린 <u>그림</u>이 무척 아름답습니다. ………………………… (   )
⑤　별이 반짝이는 <u>마을</u>이 있습니다. ………………………………… (   )

▶ 보기 ◀

寸　母　登　村　清　道　青　畫　每　畵

○ 「教學」은 서로 반대되는 뜻으로 짜여진 한자어입니다. 이와 같은 한자어를 반대자(反對字), 또는 반의자(反義字)라고 합니다. 例1 內外(내외) 例2 天地(천지)

❋ 다음 빈칸에 한자_{漢字}를 쓰세요.

教		學	
가르칠 교	攴부 총11획 ㅗ ㅊ 孝 教 教	배울 학	子부 총16획 ㅣ 阕 幽 與 學
文		教	
글월 문	文부 총4획 ヽ 亠 ナ 文	가르칠 교	攴부 총11획 ㅗ ㅊ 孝 教 教
國		花	
나라 국	口부 총11획 同 民 國 國 國	꽃 화	艸부 총8획 ㅗ 艹 芢 花 花
國		手	
나라 국	口부 총11획 同 民 國 國 國	손 수	手부 총4획 ㅡ ㅡ 三 手
世		間	
인간 세	一부 총5획 一 十 ㅛ 世 世	사이 간	門부 총12획 ㅣ ㄒ 門 門 間
空		間	
빌 공	穴부 총8획 宀 宀 空 空 空	사이 간	門부 총12획 ㅣ ㄒ 門 門 間

❋ 다음 한자의 뜻에 반대되는 한자를 〈보기〉에서 골라 번호를 쓰세요.

(1) ( ) ↔ 外	(2) ( ) ↔ 入	(3) ( ) ↔ 北
(4) ( ) ↔ 西	(5) ( ) ↔ 後	(6) ( ) ↔ 冬

〈보기〉 ① 出 ② 內 ③ 前 ④ 夏 ⑤ 南 ⑥ 東

❀ 다음 한자漢字를 자세히 익혀봅시다.

場 (土부) 총12획 7Ⅱ	登 (癶부) 총12획 7급	然 (火부) 총12획 7급
마당 장	오를 등	그럴 연

❀ 다음 한자어漢字語의 뜻을 익혀봅시다.

場面（　　　）▷（　　　）（　　　）
　　도▶어떤 장소에서 벌어진 광경.
　　用 사고 장면.　用 달리는 장면.

立場（　　　）▷（　　　）（　　　）
　　도▶처지. 형편이나 사정.
　　用 상대편의 입장에서 생각하라!

登場（　　　）▷（　　　）（　　　）
　　도▶무대나 연단(演壇) 위에 나타남.
　　用 그 가수는 무대 왼쪽에서 등장하였다.

登校（　　　）▷（　　　）（　　　）
　　도▶학생이 학교에 감.
　　用 오늘도 등교시간에 늦었다.

自然（　　　）▷（　　　）（　　　）
　　도▶사람의 힘에 의하지 않고서 존재하는
　　것이나 일어나는 현상. 用 자연의 섭리.

天然（　　　）▷（　　　）（　　　）
　　도▶사람이 손대거나 만들지 않은 자연
　　그대로의 상태. 用 천연의 아름다운 경관.

❀ 다음 한자어漢字語의 독음讀音을 쓰세요.

市場（　　）	場所（　　）	登記（　　）	工場（　　）	間食（　　）
間紙（　　）	年間（　　）	國語（　　）	全國（　　）	電車（　　）

❀ 다음 낱말이 가리키는 달은 몇 월인지 한자로 쓰세요.

1 정월달 ☞ （　　月） 　　2 동짓달 ☞ （　　月） 　　3 섣달 ☞ （　　月）

도움글

○「立」자는 본음이「립」이나「立場」에서는 두음법칙에 의해「입」으로 읽고 적습니다.
○「然」자의 부수는「火(불 화)」이나 글자 속에서는「灬」와 같은 모양으로 쓰기도 합니다.

한자능력검정 **7급**(**7II**·**8급** 포함)

※ 다음 빈칸에 한자漢字를 쓰세요.

場			面		
마당 장	土부 총12획 ㅗ 圵 坷 垺 場		낯 면	面부 총9획 丆 丆 而 面 面	
立			場		
설 립/입	立부 총5획 ` ㅗ ㅗ 亣 立		마당 장	土부 총12획 ㅗ 圵 坷 垺 場	
登			場		
오를 등	�癶부 총12획 丿 丆 癶 咎 登		마당 장	土부 총12획 ㅗ 圵 坷 垺 場	
登			校		
오를 등	�癶부 총12획 丿 丆 癶 咎 登		학교 교	木부 총10획 木 栌 栌 杦 校	
自			然		
스스로자	自부 총6획 ′ 宀 自 自 自		그럴 연	火부 총12획 ク 夕 妖 妖 然	
天			然		
하늘 천	大부 총4획 一 二 チ 天		그럴 연	火부 총12획 ク 夕 妖 妖 然	

○ 독음은 같으나 뜻이 다른 한자어

⑦入場(입장) : 회장이나 식장·경기장 따위의 장내에 들어감. ⑦立場(입장) : 처지.

⑦道場(도장) : 무예를 수련하는 곳. ⑦圖章(도장) : 나무나 고무 따위에 이름을 새긴 물건.

118

❋ 다음 한자漢字를 자세히 익혀봅시다.

植 (木부) 총12획 7급	答 (竹부) 총12획 7II	話 (言부) 총13획 7II
심을 식	대답 답	말씀 화

❋ 다음 한자어漢字語의 뜻을 익혀봅시다.

植木( )▷( )( )
　도▶나무를 심음, 또는 그 나무.
　用 4월 5일은 식목일입니다.

動植( )▷( )( )
　도▶'동식물'의 준말. 동물과 식물.
　用 동식물의 세계를 학습하였다.

問答( )▷( )( )
　도▶물음과 대답.
　用 물고기에 관한 문답.

正答( )▷( )( )
　도▶옳은 답. 맞는 답.
　用 다음 물음에 알맞은 정답을 고르시오.

手話( )▷( )( )
　도▶청각·언어 장애인들이 손짓으로 하는 말.
　用 청각 장애인을 위해 수화로 방송하다.

電話( )▷( )( )
　도▶전화기로 말을 주고받는 일. '전화기'의
　준말. 用 전화 예절을 지키자!

❋ 다음 글을 읽고, 밑줄 친 곳에 알맞은 한자어를 아래 〈보기〉에서 찾아 쓰세요.

① 선현이는 _____을 합니다.
② _____가 힘차게 펄럭입니다.
③ 선생님께서 _____를 쓰십니다.
④ 빌린 책을 _____히 여깁니다.
⑤ _____은 구월 아흐레입니다.
⑥ 일규는 _____를 주웠습니다.
⑦ 뜰 안에 예쁜 _____가 많습니다.
⑧ 공부 _____에는 조용히 합니다.

▶ 보기 ◀
國旗　時間　來日　便紙　花草　登山　所重　休紙

○서로 뜻이 다른 반대어
例1 場內(장내) ↔ 場外(장외) 例2 國內(국내) ↔ 國外(국외) 例3 午前(오전) ↔ 午後(오후)

❂ 다음 빈칸에 한자^{漢字}를 쓰세요.

植			木		
심을 식	木부 총12획 朾朾栢植植		나무 목	木부 총4획 一 十 才 木	
動			植		
움직일 동	力부 총11획 盲 重 重 動 動		심을 식	木부 총12획 朾朾栢植植	
問			答		
물을 문	口부 총11획 丨 冂 門 門 問		대답 답	竹부 총12획 竹 竹 쏫 笭 答	
正			答		
바를 정	止부 총5획 一 丁 下 正 正		대답 답	竹부 총12획 竹 竹 쏫 笭 答	
手			話		
손 수	手부 총4획 一 二 三 手		말씀 화	言부 총13획 訁 訁 訐 訐 話	
電			話		
번개 전	雨부 총13획 雨 雨 雨 雷 電		말씀 화	言부 총13획 訁 訁 訐 訐 話	

❂ 다음 빈칸에 들어갈 알맞은 한자를 〈보기〉에서 골라 번호를 쓰세요.

(1) ( )直	(2) 學( )	(3) ( )室	〈보기〉 ① 敎 ② 道 ③ 動 ④ 正
(4) 孝( )	(5) 活( )	(6) 時( )	⑤ 間 ⑥ 洞 ⑦ 數 ⑧ 校

❀ 다음 한자漢字를 자세히 익혀봅시다.

農 (辰부) 총13획 7Ⅱ	電 (雨부) 총13획 7Ⅱ	道 (辵부) 총13획 7Ⅱ
농사 **농**	번개 **전**	길 **도**

❀ 다음 한자어漢字語의 뜻을 익혀봅시다.

農地( ) ▷ ( )( )
　図▷ 농사(農事)를 짓는 데 쓰이는 땅.
　图 산을 개간(開墾)하여 농지를 만들다.

農場( ) ▷ ( )( )
　図▷ 농업(農業)을 경영하는 일정한 장소.
　图 포도 농장을 방문하였다.

電力( ) ▷ ( )( )
　図▷ 전류가 단위 시간에 사용되는 전기 에
너지의 양. 图 전력이 부족하다.

電氣( ) ▷ ( )( )
　図▷ 전자(電子)의 이동으로 생기는 에너지
의 한 형태. 图 전기를 아껴 쓰자!

水道( ) ▷ ( )( )
　図▷ '상수도'의 준말. 상수도와 하수도를 두
루 이르는 말. 图 수돗물을 아껴 쓰자!

正道( ) ▷ ( )( )
　図▷ 올바른 길. 바른 도리.
　图 한평생 정도를 걷다.

❀ 다음 한자어漢字語의 독음讀音을 쓰세요.

入住( )　海東( )　名數( )　秋色( )　數萬( )

車道( )　道場( )　道民( )　食道( )　數字( )

❀ 다음 한자에 알맞은 훈訓과 음音을 쓰세요.

空( )　前( )　男( )　午( )　活( )

○ 독음은 같으나 뜻이 다른 한자어
　① 日記(일기) : 날마다 겪은 일이나 생각·느낌 등을 적은 기록. 图 예은이는 매일 일기를 씁니다.
　② 日氣(일기) : 날씨. 图 높은 산에는 일기가 고르지 못하다.

✳ 다음 빈칸에 한자漢字를 쓰세요.

農			地		
농사 농	辰부 총13획 豐严農農農		땅[따] 지	土부 총6획 十 土 圠圠地	
農			場		
농사 농	辰부 총13획 豐严農農農		마당 장	土부 총12획 土 圹圯坍場	
電			力		
번개 전	雨부 총13획 一一需雷電		힘 력	力부 총2획 フ力	
電			氣		
번개 전	雨부 총13획 一一需雷電		기운 기	气부 총10획 气氕氣氣氣	
水			道		
물 수	水부 총4획 丿刂水水		길 도	辵부 총13획 ⺍首首首道	
正			道		
바를 정	止부 총5획 一丁下正正		길 도	辵부 총13획 ⺍首首首道	

✳ 다음 빈칸에 들어갈 알맞은 한자를 〈보기〉에서 골라 번호를 쓰세요.

⑴ (　　)家	⑵ (　　)子	⑶ 校(　　)	보기	① 車　② 草　③ 姓　④ 門
⑷ 間(　　)	⑸ 空(　　)	⑹ (　　)名		⑤ 軍　⑥ 男　⑦ 食　⑧ 育

❀ 다음 한자漢字를 자세히 익혀봅시다.

萬 (艹부) 총13획 8급	算 (竹부) 총14획 7급	語 (言부) 총14획 7급
일만 만	셈 산	말씀 어

❀ 다음 한자어漢字語의 뜻을 익혀봅시다.

萬物(　　) ▷ (　　　)(　　　)
　[도] ▸ 온갖 물건. 우주에 존재하는 모든 것.
　[예] 하늘과 땅 사이에 만물과 사람이 있다.

萬年(　　) ▷ (　　　)(　　　)
　[도] ▸ ①오랜 세월. ②언제나 변함없음.
　[예] 놀랍게도 만년 하위 팀이 우승하였다.

算出(　　) ▷ (　　　)(　　　)
　[도] ▸ 계산해 냄. 셈함.
　[예] 두 곳 사이의 거리를 산출하다.

算數(　　) ▷ (　　　)(　　　)
　[도] ▸ 수량이나 도형의 기초적인 원리·법칙 등을 가르치는 초보적인 수학.

語學(　　) ▷ (　　　)(　　　)
　[도] ▸ 외국어를 학습하는 학문. '언어학'의 준말. [예] 어학 공부는 반복과 끈기로….

國語(　　) ▷ (　　　)(　　　)
　[도] ▸ 자기 나라의 말. 우리나라의 언어.
　[예] 한자어는 우리의 국어.

❀ 다음 낱말과 뜻이 같은 한자어를 아래 〈보기〉에서 찾아 쓰세요.

(1) 옳은 답 ☞ (　　　)　　(2) 해마다 ☞ (　　　)　　(3) 날마다 ☞ (　　　)

▶ 보기 ◀

　　每年　　　每一　　　正答　　　海年　　　全答　　　每日

❀ 다음 (　　) 속에 공통으로 들어갈 알맞은 한자를 쓰세요.

(1) 國 – (　　　) – 手　　　　(2) 兄 – (　　　) – 子

(3) 同 – (　　　) – 命　　　　(4) 工 – (　　　) – 所

※ 다음 빈칸에 한자漢字를 쓰세요.

萬			物		
일만 만	艸부 총13획 ㅜ 苩 莒 萬 萬		물건 물	牛부 총8획 ˊ ㅑ 牜 物 物	
萬			年		
일만 만	艸부 총13획 ㅜ 苩 莒 萬 萬		해 년	干부 총6획 ˊ ㅑ ㄷ 左 年	
算			出		
셈 산	竹부 총14획 ˊ ˊˊ 筥 筭 算		날 출	凵부 총5획 丨 屮 屮 出 出	
算			數		
셈 산	竹부 총14획 ˊ ˊˊ 筥 筭 算		셈 수	攴부 총15획 呂 婁 數 數 數	
語			學		
말씀 어	言부 총14획 言 訂 訝 語 語		배울 학	子부 총16획 ˊ 幽 幽 與 學	
國			語		
나라 국	囗부 총11획 同 禺 國 國 國		말씀 어	言부 총14획 言 訂 訝 語 語

○「算數」는 뜻이 서로 비슷한 한자로 결합된 한자어입니다.

○「語」자는 「話(말씀 화)」자와 모양이 비슷하여 혼동하기 쉬우니 주의!

✳ 다음 한자漢字를 자세히 익혀봅시다.

旗 (方부) 총14획 7급	漢 (水부) 총14획 7Ⅱ	數 (攵부) 총15획 7급
기 　기	한수 한	셈 　수

✳ 다음 한자어漢字語의 뜻을 익혀봅시다.

下旗(　　) ▷ (　　　)(　　　)
　도▷ 기를 내림.
　례▷ 올림픽은 하기식을 끝으로 막을 내렸다.

漢江(　　) ▷ (　　　)(　　　)
　도▷ ①한국의 중부에 있는 강. ②'물이 많이 괸 것'을 과장하여 이르는 말.
　례▷ 수도관이 터져 바닥이 한강이 되었다.

數學(　　) ▷ (　　　)(　　　)
　도▷ 수량 및 도형의 성질이나 관계를 연구하는 학문. 례 수학 문제. 례 수학 공식.

國旗(　　) ▷ (　　　)(　　　)
　도▷ 한 나라를 상징하는 기.
　례▷ 우리나라의 국기는 태극기이다.

漢文(　　) ▷ (　　　)(　　　)
　도▷ 한자로만 씌어진 글.
　례▷ 한문은 우리의 옛글.

數年(　　) ▷ (　　　)(　　　)
　도▷ 두서너 해. 사오 년.
　례▷ 나무에 열매가 열리기를 수년동안 바라고 기다린 보람이 있었다.

✳ 다음 중 설명이 맞는 것은 ○표, 틀린 것은 ×표 하세요.

⑴ 「出」자는 「山」＋「山」자가 결합하여 만들어진 글자이다. ……………… (　　)

⑵ 「每」자의 부수는 「母(무)」자 이며, 총획수는 「7획」이다. ……………… (　　)

⑶ 「然」자의 부수는 「灬」이다. 「灬」는 「火」자와 같은 글자이다. ………… (　　)

⑷ 「左」자는 「一」자를 먼저 쓰고, 「右」자는 「一」자를 나중에 쓴다. ……… (　　)

○독음은 같으나 뜻이 다른 한자어
　도 事後(사후) : 일이 지난 뒤. 뷔 사전(事前).　도 死後(사후) : 죽은 후. 뷔 생전(生前).

✵ 다음 빈칸에 한자_{漢字}를 쓰세요.

下		旗	
아래 하	一부 총3획 一丁下	기 기	方부 총14획 ⸯ 方 方 斻 旗
國		旗	
나라 국	口부 총11획 冋 囯 國 國 國	기 기	方부 총14획 ⸯ 方 方 斻 旗
漢		江	
한수 한	水부 총14획 氵 氵 漌 漢 漢	강 강	水부 총6획 丶 氵 氵 江 江
漢		文	
한수 한	水부 총14획 氵 氵 漌 漢 漢	글월 문	文부 총4획 丶 亠 ナ 文
數		學	
셈 수	攵부 총15획 吕 婁 數 數 數	배울 학	子부 총16획 𦥯 學 學 學
數		年	
셈 수	攵부 총15획 吕 婁 數 數 數	해 년	干부 총6획 ⸯ ⸯ ⸯ 乍 年

✵ 다음 빈칸에 들어갈 알맞은 한자를 〈보기〉에서 골라 번호를 쓰세요.

(1) ( )女	(2) 登( )	(3) 國( )	보기 ① 自 ② 出 ③ 中 ④ 農
(4) 命( )	(5) ( )然	(6) ( )夫	⑤ 旗 ⑥ 校 ⑦ 南 ⑧ 少

다음 한자漢字를 자세히 익혀봅시다.

歌 (欠부) 총14획 7급	學 (子부) 총16획 8급	韓 (韋부) 총17획 8급
노래 가	배울 학	나라 한

다음 한자어漢字語의 뜻을 익혀봅시다.

歌手(   ) ▷ (   )(   )
도▶ 노래를 부르는 일을 직업(職業)으로 삼는 사람. 예 오페라 가수.

軍歌(   ) ▷ (   )(   )
도▶ 군대의 사기(士氣)를 돋우기 위하여 지어 부르는 노래. 예 힘찬 군가를 부르며….

國學(   ) ▷ (   )(   )
도▶ 자기 나라의 전통적인 민속·사상·문화 등을 연구하는 학문. 예 국학 연구원.

學生(   ) ▷ (   )(   )
도▶ 학교에서 공부하는 사람.
예 학생들이 등교를 합니다.

韓國(   ) ▷ (   )(   )
도▶ '대한민국(大韓民國)'의 준말.
예 우리 글 한글은 한국의 자랑.

北韓(   ) ▷ (   )(   )
도▶ 육이오전쟁 후 분단된 휴전선 북쪽의 한국. 예 동포애로 북한에 식량을 지원하였다.

다음 한자어漢字語의 뜻을 쓰세요.

(1) 入學 ……………… (   )
(2) 直立 ……………… (   )
(3) 年老 ……………… (   )
(4) 食水 ……………… (   )

○ 「歌手」에서 「手」자는 「그것을 직업으로 하는 사람」의 뜻을 더하는 접미사」입니다.
○ 육이오전쟁(六二五戰爭) : 1950년 6월 25일 새벽에 북한군이 남북 군사 분계선이던 북위 38도선 지역 전체를 기습적으로 침공함으로써 일어난 전쟁 「육이오 동란·육이오 사변·한국 동란·한국 전쟁」이라고도 함.

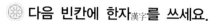 다음 빈칸에 한자漢字를 쓰세요.

歌			手		
노래 가	欠부 총14획 哥 哥 歌 歌 歌		손 수	手부 총4획 一 二 三 手	
軍			歌		
군사 군	車부 총9획 冖 冃 冒 軍 軍		노래 가	欠부 총14획 哥 哥 歌 歌 歌	
國			學		
나라 국	囗부 총11획 同 围 國 國 國		배울 학	子부 총16획 臼 图 图 學 學	
學			生		
배울 학	子부 총16획 臼 图 图 學 學		날 생	生부 총5획 丿 一 仁 牛 生	
韓			國		
나라 한	韋부 총17획 卓 乾 韓 韓 韓		나라 국	囗부 총11획 同 围 國 國 國	
北			韓		
북녘 북	匕부 총5획 丨 亅 土 北		나라 한	韋부 총17획 卓 乾 韓 韓 韓

 도움글

○ 독음은 같으나 뜻이 다른 한자어

國家(국가) : 일정한 영토에 살면서 독립된 통치 조직을 가지는 사회 집단

國歌(국가) : 한 나라의 국민과 국가를 대표하는 노래. 예 대한민국 국가는 애국가(愛國歌)입니다.

한자능력검정시험

훈음쓰기 · 한자쓰기

○─◉ 훈음쓰기 · 한자쓰기 ◉─○

한자능력검정 7급에 배정된 한자[150자]를 간단한 방법으로 정리할 수 있도록 엮은 것입니다.

○─◉ 학습방법 ◉─○

✔ 훈음쓰기[**1**]과 한자쓰기[**2**]… 를 풀이한 다음, 한자쓰기[**1**]과 훈음쓰기[**2**] … 를 풀이합니다.

✔ 문제 풀이를 할 때에는 해답을 보지 않고 해야 만이 자신이 아는 것과 모르는 것을 정확하게 확인할 수 있습니다.

✔ 틀린 것에 대해서는 한 글자씩 연습하는 것보다 낱말을 연결하여 익히는 것이 훨씬 오래 기억될 것입니다.

○─◉ 정답확인 ◉─○

✔ 훈음쓰기[**1**]과 한자쓰기[**1**]…, 한자쓰기[**2**]와 훈음쓰기[**2**]…를 서로 대조하면 정답을 확인할 수 있습니다.

✔ (도)(움)(글) : 별책부록 22쪽에서 확인할 수 있습니다.

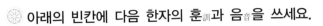 아래의 빈칸에 다음 한자의 훈訓과 음音을 쓰세요.

一 8급 / 一 부 총1획	二 8급 / 二 부 총2획	八 8급 / 八 부 총2획	十 8급 / 十 부 총2획
人 8급 / 人 부 총2획	七 8급 / 一 부 총2획	力 7II / 力 부 총2획	入 7급 / 入 부 총2획
九 8급 / 乙 부 총2획	小 8급 / 小 부 총3획	千 7급 / 十 부 총3획	女 8급 / 女 부 총3획
川 7급 / 《《 부 총3획	工 7II / 工 부 총3획	寸 8급 / 寸 부 총3획	山 8급 / 山 부 총3획
上 7II / 一 부 총3획	三 8급 / 一 부 총3획	土 8급 / 土 부 총3획	口 7급 / 口 부 총3획
夕 7급 / 夕 부 총3획	大 8급 / 大 부 총3획	下 7II / 一 부 총3획	子 7II / 子 부 총3획
水 8급 / 水 부 총4획	手 7II / 手 부 총4획	心 7급 / 心 부 총4획	六 8급 / 八 부 총4획
午 7II / 十 부 총4획	文 7급 / 文 부 총4획	五 8급 / 二 부 총4획	夫 7급 / 大 부 총4획

○ 다음 한자어의 독음讀音을 쓰세요.

문1 王子(　　　　) 문2 兄弟(　　　　) 문3 不平(　　　　) 문4 正面(　　　　)

※ 아래의 빈칸에 다음 훈訓과 음音에 맞는 한자를 쓰세요.

임금 왕	아닐 불	달 월	불 화
날 일	모 방	안 내	적을 소
가운데 중	아비 부	하늘 천	나무 목
북녘 북	바깥 외	오를 우·오른(쪽) 우	형 형
어미 모	넉 사	백성 민	인간 세
바를 정	저자 시	왼 좌	흰 백
주인 주	설 립	날 출	날 생
평평할 평	겨울 동	있을 유	온전 전

도움글

○ 다음 반대어反對語의 독음讀音을 쓰세요.

문1 手足(　　　) 문2 老少(　　　) 문3 東西(　　　) 문4 男女(　　　)

✸ 아래의 빈칸에 다음 훈訓과 음音에 맞는 한자를 쓰세요.

한 일	두 이	여덟 팔	열 십
사람 인	일곱 칠	힘 력	들 입
아홉 구	작을 소	일천 천	계집 녀
내 천	장인 공	마디 촌	메 산
윗 상	석 삼	흙 토	입 구
저녁 석	큰 대	아래 하	아들 자
물 수	손 수	마음 심	여섯 륙/육
낮 오	글월 문	다섯 오	지아비 부

도움글

○ 다음 반대어反對語의 독음讀音을 쓰세요.
  문1 前後(   ) 문2 左右(   ) 문3 山川(   ) 문4 先後(   )

✳ 아래의 빈칸에 다음 한자의 훈訓과 음音을 쓰세요.

훈음쓰기 **2**

8급 王	玉 부 총4획	7Ⅱ 不	一 부 총4획	8급 月	月 부 총4획	8급 火	火 부 총4획
8급 日	日 부 총4획	7Ⅱ 方	方 부 총4획	7Ⅱ 內	入 부 총4획	7급 少	小 부 총4획
8급 中	｜ 부 총4획	8급 父	父 부 총4획	7급 天	大 부 총4획	8급 木	木 부 총4획
8급 北	匕 부 총5획	8급 外	夕 부 총5획	7Ⅱ 右	口 부 총5획	8급 兄	儿 부 총5획
8급 母	母 부 총5획	8급 四	口 부 총5획	8급 民	氏 부 총5획	7Ⅱ 世	一 부 총5획
7Ⅱ 正	止 부 총5획	7Ⅱ 市	巾 부 총5획	7Ⅱ 左	工 부 총5획	8급 白	白 부 총5획
7급 主	丶 부 총5획	7Ⅱ 立	立 부 총5획	7급 出	凵 부 총5획	8급 生	生 부 총5획
7Ⅱ 平	干 부 총5획	7급 冬	冫 부 총5획	7급 有	月 부 총6획	7Ⅱ 全	入 부 총6획

○ 다음 한자어의 독음讀音을 쓰세요.

문1 自身(   ) 문2 孝道(   ) 문3 江村(   ) 문4 休紙(   )

❋ 아래의 빈칸에 다음 한자의 훈訓과 음音을 쓰세요.

7급 色 色부 총6획	7Ⅱ 名 口부 총6획	7급 百 白부 총6획	7급 休 人부 총6획
7Ⅱ 江 水부 총6획	7급 字 子부 총6획	7급 老 老부 총6획	8급 年 干부 총6획
7급 地 土부 총6획	8급 先 儿부 총6획	7급 同 口부 총6획	8급 西 両부 총6획
7Ⅱ 安 宀부 총6획	7Ⅱ 自 自부 총6획	7Ⅱ 車 車부 총7획	7급 里 里부 총7획
7Ⅱ 每 母부 총7획	7Ⅱ 足 足부 총7획	7Ⅱ 孝 子부 총7획	7급 邑 邑부 총7획
7Ⅱ 男 田부 총7획	7급 住 人부 총7획	7급 村 木부 총7획	8급 弟 弓부 총7획
8급 長 長부 총8획	7급 來 人부 총8획	8급 靑 靑부 총8획	7Ⅱ 直 目부 총8획
7Ⅱ 空 穴부 총8획	8급 門 門부 총8획	7급 命 口부 총8획	7Ⅱ 姓 女부 총8획

○ 다음 한자어의 독음讀音을 쓰세요.

문1 問答(   ) 문2 林地(   ) 문3 便安(   ) 문4 所重(   )

❋ 아래의 빈칸에 다음 훈訓과 음音에 맞는 한자를 쓰세요.

한자쓰기 **4**

바 소	동녘 동	수풀 림	꽃 화
기를 육	물건 물	일 사	쇠 금 · 성 김
편할 **편**	낯 면	집 실	골 동
봄 춘	무거울 **중**	군사 군	먹을 식
가을 추	살 활	앞 전	뒤 후
남녘 **남**	풀 초	집 가	기운 기
여름 **하**	때 시	기록할 기	종이 지
바다 해	학교 교	할아비 조	물을 문

 도움글

○ 다음 한자어의 독음讀音을 쓰세요.

문1 電話(   ) 문2 自然(   ) 문3 植物(   ) 문4 外家(   )

❋ 아래의 빈칸에 다음 훈(訓)과 음(音)에 맞는 한자를 쓰세요.

빛 색	이름 명	일백 백	쉴 휴
강 강	글자 자	늙을 로	해 년
땅[따] 지	먼저 선	한가지 동	서녘 서
편안 안	스스로 자	수레 거 · 수레 차	마을 리
매양 매	발 족	효도 효	고을 읍
사내 남	살 주	마을 촌	아우 제
긴 장	올 래	푸를 청	곧을 직
빌 공	문 문	목숨 명	성 성

 도움글

○ 다음 반대어反對語의 독음讀音을 쓰세요.

문1 敎學(   ) 문2 先後(   ) 문3 問答(   ) 문4 左右(   )

✳ 아래의 빈칸에 다음 한자의 훈訓과 음音을 쓰세요.

훈음쓰기 **4**

7급 所 戶부 총8획	8급 東 木부 총8획	7급 林 木부 총8획	7급 花 艹부 총8획

7급 育 肉부 총8획	7Ⅱ 物 牛부 총8획	7Ⅱ 事 亅부 총8획	8급 金 金부 총8획

7급 便 人부 총9획	7급 面 面부 총9획	8급 室 宀부 총9획	7급 洞 水부 총9획

7급 春 日부 총9획	7급 重 里부 총9획	8급 軍 車부 총9획	7Ⅱ 食 食부 총9획

7급 秋 禾부 총9획	7Ⅱ 活 水부 총9획	7Ⅱ 前 刀부 총9획	7Ⅱ 後 彳부 총9획

8급 南 十부 총9획	7급 草 艹부 총10획	7Ⅱ 家 宀부 총10획	7Ⅱ 氣 气부 총10획

7급 夏 夂부 총10획	7Ⅱ 時 日부 총10획	7Ⅱ 記 言부 총10획	7급 紙 糸부 총10획

7Ⅱ 海 水부 총10획	8급 校 木부 총10획	7급 祖 示부 총10획	7급 問 口부 총11획

○ 다음 한자어의 독음讀音을 쓰세요.

문1 年老(   ) 문2 來韓(   ) 문3 不足(   ) 문4 自動(   )

❋ 아래의 빈칸에 다음 한자의 훈訓과 음音을 쓰세요.

7II 動 力부 총11획	8급 敎 攵부 총11획	8급 國 口부 총11획	7II 間 門부 총12획
7II 場 土부 총12획	7급 登 癶부 총12획	7급 然 火부 총12획	7급 植 木부 총12획
7II 答 竹부 총12획	7II 話 言부 총13획	7II 農 辰부 총13획	7II 電 雨부 총13획
7II 道 辵부 총13획	8급 萬 艸부 총13획	7급 算 竹부 총14획	7급 語 言부 총14획
7급 旗 方부 총14획	7II 漢 水부 총14획	7급 數 攵부 총15획	7급 歌 欠부 총14획
8급 學 子부 총16획	8급 韓 韋부 총17획		

🍵 도움글

○ 다음 반대어反對語를 한자漢字로 쓰세요.

문1 남녀(   )　　　문2 내외(   )　　　문3 상하(   )

문4 좌우(   )　　　문5 동서(   )　　　문6 대소(   )

문7 수족(   )　　　문8 출입(   )　　　문9 노소(   )

✺ 아래의 빈칸에 다음 훈(訓)과 음(音)에 맞는 한자를 쓰세요.

움직일 **동**	가르칠 **교**	나라 **국**	사이 **간**
마당 **장**	오를 **등**	그럴 **연**	심을 **식**
대답 **답**	말씀 **화**	농사 **농**	번개 **전**
길 **도**	일만 **만**	셈 **산**	말씀 **어**
기 **기**	한수 **한** · 한나라 **한**	셈 **수**	노래 **가**
배울 **학**	나라 **한** · 한국 **한**		

곧 정상에
도착할거야!

○ 다음 (   ) 속에 알맞은 한자를 보기에서 골라 찾아 쓰세요.

보기   水 白 足 直 工 空 百 邑

문1 自(   ) : 자기의 비밀을 털어놓음.   문2 不(   ) : 넉넉하지 않음.

문3 (   )平 : 기울지 않고 평평한 상태.   문4 手(   ) : 손으로 하는 공예.

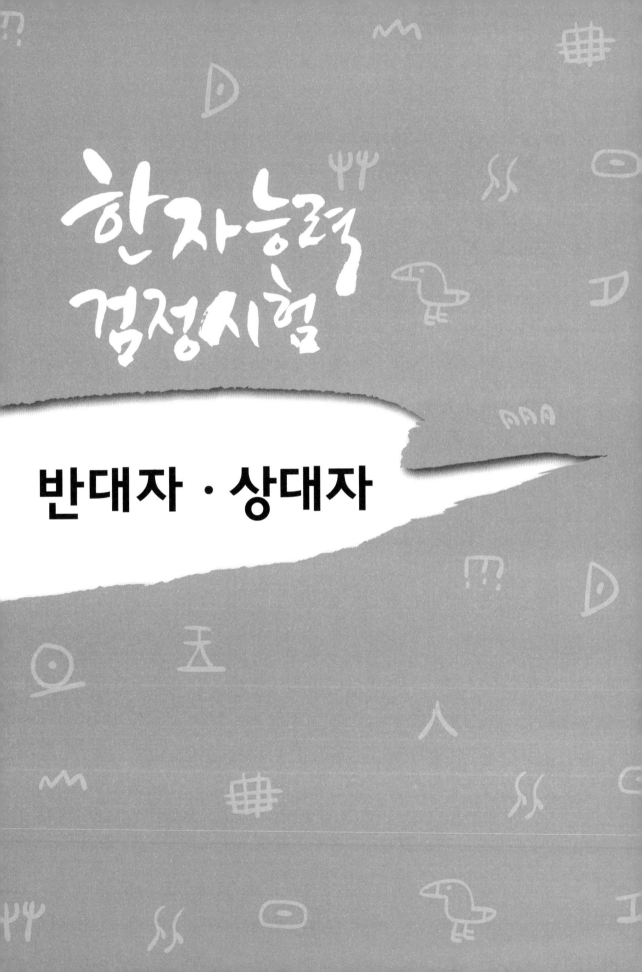

한자능력
검정시험

반대자 · 상대자

반대자

✔ 반대자는 뜻이 서로 반대되는 글자로 이루어진 낱말을 말합니다. 이는 '반의자', 또는 '상대자' 라고도 합니다.

✔ 정답확인 ☞ ①과 ②, ③과 ④를 서로 대조하면 정답을 확인할 수 있습니다.

❊ 다음은 반대자反對字를 모은 것입니다. 빈칸에 알맞은 훈訓과 음音을 쓰세요.

上 下	敎 學	南 北	男 女
內 外	老 少	問 答	大 小
夏 冬	東 西	父 母	山 川
物 心	江 山	手 足	心 身
左 右	日 月	出 入	子 女
前 後	兄 弟	天 地	先 後

🔑 해답 ☞ 144쪽

❀ 다음은 반대자反對字를 모은 것입니다. 빈칸에 알맞은 한자漢字를 쓰세요.

윗 **상**	아래 **하**

가르칠 **교**	배울 **학**

남녘 **남**	북녘 **북**

사내 **남**	계집 **녀**

안 **내**	바깥 **외**

늙을 로/**노**	젊을 **소**

물을 **문**	대답 **답**

큰 **대**	작을 **소**

여름 **하**	겨울 **동**

동녘 **동**	서녘 **서**

아비 **부**	어미 **모**

메 **산**	내 **천**

물건 **물**	마음 **심**

강 **강**	메 **산**

손 **수**	발 **족**

마음 **심**	몸 **신**

왼 **좌**	오른(쪽) **우**

날 **일**	달 **월**

날 **출**	들 **입**

아들 **자**	계집 **녀**

앞 **전**	뒤 **후**

형 **형**	아우 **제**

하늘 **천**	땅[따] **지**

먼저 **선**	뒤 **후**

다음은 반대자를 문제형식으로 엮은 것입니다. 빈칸에 한자와 훈과 음을 쓰세요. 반대자 3

上 윗 상	敎 가르칠 교	南 남녘 남	男 사내 남
內 안 내	老 늙을 로/노	問 물을 문	大 큰 대
夏 여름 하	東 동녘 동	父 아비 부	山 메 산
物 물건 물	江 강 강	手 손 수	心 마음 심
左 왼 좌	日 날 일	出 날 출	子 아들 자
前 앞 전	兄 형 형	天 하늘 천	先 먼저 선

※ 다음은 반대자를 문제형식으로 엮은 것입니다. 빈칸에 한자와 훈과 음을 쓰세요. 반대자 ④

	下 아래 하		學 배울 학		北 북녘 북		女 계집 녀
	外 바깥 외		少 적을 소		答 대답 답		小 작을 소
	冬 겨울 동		西 서녘 서		母 어미 모		川 내 천
	心 마음 심		山 메 산		足 발 족		身 몸 신
	右 오른 우		月 달 월		入 들 입		女 계집 녀
	後 뒤 후		弟 아우 제		地 땅[따] 지		後 뒤 후

한자능력
검정시험

평가문제

8급 평가문제

기초학습[15쪽 ~ 26쪽]에서 익힌 것을 [① ~ ②]씩 묶어서, 그동안 익힌 것을 스스로 평가해 볼 수 있도록 출제 유형에 따라 엮은 것입니다.

7급II · 7급 평가문제

본문학습[27쪽 ~ 128쪽]에서 익힌 것을 [① ~ ⑤]씩 묶어서, 그동안 익힌 것을 스스로 평가해 볼 수 있도록 출제 유형에 따라 엮은 것입니다.

학습방법

✔ 먼저 기초학습과 본문학습을 충분히 익힌 후에 평가문제를 풀어보도록 하세요.
✔ 문제 풀이를 할 때에는 해답을 보지 않고 해야 자신이 아는 것과 모르는 것을 정확하게 확인할 수 있습니다.
✔ 틀린 것에 대해서는 실망하지 말고, 공책에 반복하여 쓰면서 익히도록 하세요.

평가문제 해답

✔ 문제 해답은 별책부록(24쪽 ~ 27쪽)에 있습니다.

/ **1** ~ **2** /

01 다음 훈과 음에 알맞은 한자를 쓰세요.
1~2번

1 두 이	2 석 삼

02 다음 뜻과 소리에 알맞은 한자를 |보기|와 같이 한 획씩 더해가며 쓰세요.
3~6번

|보기|

칼 도 : ノ 刀

3 넉　사 :

4 다섯 오 :

5 일곱 칠 :

6 열　십 :

03 아래 글을 읽고 밑줄 친 말에 알맞은 한자를 쓰세요.
7~8번

7 내일은 <u>유</u>월 육일 현충일입니다.
　　‥‥‥‥‥‥‥‥‥‥‥‥ [　　　]

8 한글날은 시월 <u>구</u>일입니다.
　　‥‥‥‥‥‥‥‥‥‥‥‥ [　　　]

04 다음 □ 안에 들어갈 알맞은 수를 한자로 쓰세요.
9~10번

9　□ + 4 = 9

10　8 - □ = 2

 익혀서 지혜로

● 한자의 뜻과 소리에 대하여 알아봅시다.
– 한자는 뜻[훈訓]과 소리[음音]가 나누어진 글자로써, 소리로 그 뜻을 전달하는 우리 한글과는 다른 의미를 지니고 있습니다. 때문에 한자·한문을 익힐 때에는 뜻과 소리, 어느 하나라도 소홀히 해서는 아니 될 것입니다.

예1 美 : 아름다울 미
　　　• 뜻 ▶ 아름답다
　　　• 소리 ▶ 미

예2 車 : 수레 거(차)
　　　• 뜻 ▶ 수레
　　　• 소리 ▶ 거, 차

☺ 틀린 문제는 다음에 다시 한 번…

/ ③ ～ ④ /

01 다음 한자의 뜻과 소리를 쓰세요.
1～2번

1 土	2 月

02 다음 뜻과 소리에 알맞은 한자를 |보기| 와 같이 한 획씩 더해가며 쓰세요.
3～5번

|보기|

방패 간 : 一 二 干

3 물 수 :

4 북녘 북 :

5 불 화 :

03 아래 글을 읽고 밑줄 친 말의 한자는 독음으로, 한글은 한자로 쓰세요.
6～10번

6 매주 金요일은 온 가족이 모여 가족회
의를 하는 날입니다. ‥ [   ]

7 生日 아침에는 왜 미역국을 먹는 것일
까요? ‥‥‥‥‥‥‥‥‥‥ [   ]

8 "오늘 아침 깨우지 않아도 일어난 것을
보니, 내일은 해가 西쪽에서 뜨겠네."
‥‥‥‥‥‥‥‥‥‥‥‥‥‥ [   ]

9 서쪽의 반대는 동쪽입니다.
‥‥‥‥‥‥‥‥‥‥‥‥‥‥ [   ]

10 북쪽보다는 南쪽이 더 따뜻합니다.
‥‥‥‥‥‥‥‥‥‥‥‥‥‥ [   ]

🎯 익혀서 지혜로

🍎 우리 가족의 이름을 한자로 써보세요.

본관   [本貫] ‥‥‥‥ [   ]

할아버지[祖父] ‥‥‥‥ [   ]

할머니 [祖母] ‥‥‥‥ [   ]

외할아버지[外祖父] ‥ [   ]

외할머니 [外祖母] ‥ [   ]

아버지 [父] ‥‥‥‥‥ [   ]

어머니 [母] ‥‥‥‥‥ [   ]

🍎 '본관'에 대하여 알아봅시다.
　- '본관(本貫)'은 '관향(貫鄕)' 또는 '본
(本)'이라고도 합니다. 한 집안의 가장
윗어른이 되는 조상께서 태어나신 땅
또는 고향을 이르는 말로, 자신의 계
통을 알아볼 수 있는 중요한 의미를
지니고 있습니다.

예 元 : 원주 원씨 – 본관 ▶ 원주

☺ 틀린 문제는 다음에 다시 한 번…

01
다음 한자어는 뜻이 서로 반대되는 글자로 이루어진 것입니다. 한자어의 독음을 쓰세요. 1~2번

1 父母	2 大小

02
다음 뜻과 소리에 알맞은 한자를 |보기|와 같이 한 획씩 더해가며 쓰세요. 3~5번

|보기|

방패 간 : 一 二 干

3 넉 사 :

4 임금 왕 :

5 마디 촌 :

03
아래 글을 읽고 밑줄 친 말의 한자는 독음으로, 한글과 숫자는 한자로 쓰세요. 6~9번

6 운동회 날 青팀 白팀 모두 열심히 하였습니다. ……………… [,   ]

7 선현이는 아버지와 어머니께 언제나 공손합니다. ………… [,   ]

8 우리나라에 外國 손님이 많이 옵니다. ……………… [   ]

9 2 + 2 = 4 이고, 4 + 4 = 8 입니다. ……………… [   ]

04
다음 한자를 쓰는 순서에 따라 번호를 붙인다면, 가리키는 획은 몇 번째 쓰는 획일까요? □ 속에 알맞은 숫자를 한자로 쓰세요. 10번

10

 익혀서 지혜로

● 다음은 닿소리[子音] 24자입니다. 닿소리의 이름을 한글로 써보세요.

ㄱ	ㄴ	ㄷ	ㄹ	ㅁ
ㅂ	ㅅ	ㅇ	ㅈ	ㅊ
ㅋ	ㅌ	ㅍ	ㅎ	

☺ 정답 ☞ 기역, 니은, 디귿, 리을, 미음, 비읍, 시옷, 이응, 지읒, 치읓, 키읔, 티읕, 피읖, 히읗

☺ 틀린 문제는 다음에 다시 한 번…

01 다음 한자어의 독음을 쓰세요. 1~2번

1 萬年	2 教室

02 다음 뜻과 소리에 알맞은 한자를 |보기| 와 같이 한 획씩 더해가며 쓰세요.

3~5번

|보기|

방패 간 : 一 二 干

3 계집 녀 :

4 백성 민 :

5 긴 장 :

03 아래 글을 읽고 밑줄 친 말의 한자는 독음으로, 한글은 한자로 쓰세요.

6~8번

6 위와 아래 사이를 '<u>가운데</u>'라고 합니다.
·································· [   ]

7 저는 초등학교 1<u>學年</u>입니다.
·································· [   ]

8 학교에서는 <u>校長</u>선생님이 가장 큰 어른입니다. ············ [   ]

04 다음 한자를 쓰는 순서에 따라 번호를 붙인다면, 가리키는 획은 몇 번째 쓰는 획일까요? □ 속에 알맞은 숫자를 한자로 쓰세요.

9~10번

9 [ ] 年 [ ] 10

 익혀서 지혜로

● 『명심보감(明心寶鑑)』 한 구절

어린아이가 간혹 어버이에게 성내면 어버이는 마음에 기쁨을 보이고, 어버이께서 아이를 꾸짖고 성내시면 아이는 좋게 여기지 않는다. 이것을 보면 한쪽은 기뻐하고 한쪽은 좋게 여기지 않으니, 어버이가 아이를 대하는 마음과 자식이 어버이를 대하는 마음이 너무도 다르다는 것을 알 수 있다.

어버이에게 꾸지람을 받거든 돌이켜 자기의 어린 자식에게 꾸지람을 들을 때와 같이하라.

윗글은 '자식이 아무리 효도를 다한다 하여도 자식을 사랑하는 어버이의 마음에는 비할 수 없음'을 말하는 것입니다.

☺ 틀린 문제는 다음에 다시 한 번…

01 다음 한자어의 독음을 쓰세요. 1~2번

1 大韓	2 國軍

02 다음 뜻과 소리에 알맞은 한자를 |보기| 와 같이 한 획씩 더해가며 쓰세요.

3~4번

|보기|

방패 간 : 一 二 干

3 문 문 :

4 메 산 :

03 아래 글을 읽고 밑줄 친 말의 한자는 독음으로, 한글은 한자로 쓰세요.

5~8번

5 온 산에 <u>푸른</u> 나무들이 줄지어 있습니다.

·····[   ]

6 운동장은 <u>사람</u>들로 가득차 있습니다.

·····[   ]

7 수업을 마치고 <u>先生</u>님께 인사를 합니다.

·····[   ]

8 <u>兄</u>의 뜻에 반대되는 말은 <u>弟</u>입니다.

·····[,   ]

04 다음 한자의 총획수는 몇 획입니까?

9~10번

9 弟 ·····[획]

10 韓 ·····[획]

 익혀서 지혜로

● 부수에 대하여

부수(部首)란, 모든 한자를 그 짜임에 따라 분류할 때, 나타나는 공통부분으로 자전이나 사전에서 글자를 찾는데 필요한 기본글자를 말합니다.

부수는 본래 한자의 글자 모양을 바탕으로 같은 부분, 비슷한 부분을 가진 한자를 한 곳에 모아 놓고, 공통된 부분을 질서 있게 벌려놓기 위하여 골라 뽑은 기본글자이므로 한자의 짜임과 중요한 관계를 맺고 있습니다.

● 부수에 대해 더 자세히 알아봅시다.

【一획】			
一	丨	丶	丿
하나 일	뚫을 곤	점 주	삐침 별
【二획】			
二	儿	冖	冫
두 이	어진사람인	덮을 멱	얼음 빙

☺ 틀린 문제는 다음에 다시 한 번…

1 ~ 10

1 다음 한자어의 독음讀音을 쓰세요.

해답 ☞ 아래 도움글

靑白 [　　]	東西 [　　]	父母 [　　]	南北 [　　]
外國 [　　]	四寸 [　　]	大王 [　　]	長女 [　　]
生日 [　　]	年中 [　　]	敎室 [　　]	萬民 [　　]
先生 [　　]	軍人 [　　]	韓國 [　　]	校門 [　　]

2 다음 한자의 훈(訓 : 뜻)과 음(音 : 소리)을 쓰세요.

月 [　　]	木 [　　]	金 [　　]	八 [　　]
水 [　　]	火 [　　]	四 [　　]	土 [　　]

3 다음 한자의 뜻에 반대, 또는 상대되는 한자를 쓰세요.

大 - [　　]	敎 - [　　]	父 - [　　]
東 - [　　]	日 - [　　]	兄 - [　　]

도움글

1 : 靑白(청백) 東西(동서) 父母(부모) 南北(남북) 外國(외국) 四寸(사촌) 大王(대왕) 長女(장녀)
　　生日(생일) 年中(연중) 敎室(교실) 萬民(만민) 先生(선생) 軍人(군인) 韓國(한국) 校門(교문)

2 : 月(달 월) 木(나무 목) 金(쇠 금. 성 김) 八(여덟 팔) 水(물 수) 火(불 화) 四(넉 사) 土(흙 토)

3 : 大-(小) 敎-(學) 父-(母) 東-(西) 日-(月) 兄-(弟)

/ **1** ~ **5** /

01 다음 한자어의 독음을 쓰세요. 1~8번

1 寸數 [   ] 2 力道 [   ]

3 老人 [   ] 4 小便 [   ]

5 十里 [   ] 6 八方 [   ]

7 工場 [   ] 8 母女 [   ]

02 다음 한자의 훈과 음을 쓰세요. 9~16번

9 生 [   ] 10 色 [   ]

11 川 [   ] 12 字 [   ]

13 夕 [   ] 14 九 [   ]

15 入 [   ] 16 重 [   ]

03 다음 훈과 음에 알맞은 한자를 |보기| 에서 골라 쓰세요. 17~22번

|보기|

東 間 手 國 世 冬 事 問

17 인간 세 [   ] 18 겨울 동 [   ]

19 사이 간 [   ] 20 나라 국 [   ]

21 일 사 [   ] 22 손 수 [   ]

04 다음 한자의 상대, 또는 반대되는 한자를 |보기|에서 골라 쓰세요. 23~24번

|보기|

山 入 小 少 人

23 出 ↔ [   ] 24 大 ↔ [   ]

05 다음 한자어의 뜻을 쓰세요. 25~26번

25 國力 ☞ [   ]

26 入學 ☞ [   ]

06 다음 한자어의 빈칸에 알맞은 한자를 |보기|에서 골라 쓰세요. 27~28번

|보기|

金 洞 全 寸 同

27 [   ]一 : 다른 데가 없이 똑같음.

28 千[   ] : 매우 귀중한 가치.

07 다음 글자의 설명에 알맞은 한자를 |보기|에서 골라 쓰세요. 29~30번

|보기|

足 七 手 水 六

29 여섯보다는 크고 아홉보다는 작은 수.
.... [   ]

30 '손'의 모양을 본뜬 글자.
.... [   ]

☺틀린 문제는 다음에 다시 한 번…

6 ~ 10

01 다음 한자어의 독음을 쓰세요. 1~8번

1 水平 [   ] 2 江山 [   ]

3 下車 [   ] 4 安心 [   ]

5 六月 [   ] 6 正午 [   ]

7 秋夕 [   ] 8 子弟 [   ]

02 다음 한자의 훈과 음을 쓰세요.
9~16번

9 祖 [   ] 10 自 [   ]

11 食 [   ] 12 中 [   ]

13 手 [   ] 14 前 [   ]

15 土 [   ] 16 記 [   ]

03 다음 훈과 음에 알맞은 한자를 |보기|에서 골라 쓰세요. 17~22번

|보기|

草 問 地 學 文 村 心 寸

17 마디 촌 [   ] 18 배울 학 [   ]

19 땅[따] 지 [   ] 20 풀 초 [   ]

21 마음 심 [   ] 22 글월 문 [   ]

04 다음 한자의 상대, 또는 반대되는 한자를 |보기|에서 골라 쓰세요. 23~24번

|보기|

少 小 中 平 下

23 上 ↔ [   ] 24 大 ↔ [   ]

05 다음 한자어의 뜻을 쓰세요. 25~26번

25 登山 ☞ [   ]

26 子女 ☞ [   ]

06 다음 밑줄 친 말에 알맞은 한자어를 |보기|에서 골라 완성하세요. 27~28번

|보기|

校 口 下 敎 食 九

27 온 식구들이 모이다. ······· [   ]

28 하교 길에 비를 맞았다. ·· [   ]

07 다음 물음에 답하세요. 29~30번

29 入 ㉠ ㉠획의 쓰는 순서를 쓰세요.
·························· [번째]

30 字 ㉠ ㉠획의 쓰는 순서를 쓰세요.
·························· [번째]

☺틀린 문제는 다음에 다시 한 번…

/ **11** ~ **15** /

01 다음 한자어의 독음을 쓰세요. 1~8번

1 來日 [   ] 2 空中 [   ]

3 不孝 [   ] 4 木工 [   ]

5 五色 [   ] 6 天地 [   ]

7 北上 [   ] 8 火山 [   ]

02 다음 한자의 훈과 음을 쓰세요.

9~16번

9 農 [   ] 10 國 [   ]

11 室 [   ] 12 夫 [   ]

13 平 [   ] 14 王 [   ]

15 出 [   ] 16 方 [   ]

03 다음 훈과 음에 알맞은 한자를 |보기| 에서 골라 쓰세요. 17~22번

|보기|

道 工 時 花 氣 市 話 母

17 기운 기 [   ] 18 길   도 [   ]

19 때   시 [   ] 20 장인 공 [   ]

21 어미 모 [   ] 22 꽃   화 [   ]

04 다음 한자의 상대, 또는 반대되는 한자를 |보기|에서 골라 쓰세요. 23~24번

|보기|

小 內 人 少 入

23 老 ↔ [   ] 24 [   ] ↔ 外

05 다음 한자어의 뜻을 쓰세요. 25~26번

25 祖父 ☞ [   ]

26 靑天 ☞ [   ]

06 다음 한자어의 빈칸에 알맞은 한자를 |보기|에서 골라 쓰세요. 27~28번

|보기|

平 日 村 方 一

27 休 [   ] : 쉬는 날.

28 四 [   ] : 동·서·남·북.

07 다음 글자의 설명에 알맞은 한자를 |보기|에서 골라 쓰세요. 29~30번

|보기|

門 月 山 間 日

29 '달'의 모양을 본뜬 글자.
   ································· [   ]
30 '문틈 사이'를 본뜬 글자.
   ································· [   ]

☺ 틀린 문제는 다음에 다시 한 번…

01 다음 한자어의 독음을 쓰세요. 1~8번

1 民間 [   ] 2 老母 [   ]

3 不正 [   ] 4 自白 [   ]

5 直立 [   ] 6 右便 [   ]

7 海外 [   ] 8 來世 [   ]

02 다음 한자의 훈과 음을 쓰세요.
9~16번

9 同 [   ] 10 學 [   ]

11 市 [   ] 12 白 [   ]

13 食 [   ] 14 寸 [   ]

15 兄 [   ] 16 活 [   ]

03 다음 훈과 음에 알맞은 한자를 |보기|에서 골라 쓰세요. 17~22번

|보기|

場　主　立　花　生　夫　住

17 꽃　화 [   ] 18 날　　생 [   ]

19 설　　립 [   ] 20 마당　장 [   ]

21 주인 주 [   ] 22 지아비부 [   ]

04 다음 한자의 상대, 또는 반대되는 한자를 |보기|에서 골라 쓰세요. 23~24번

|보기|

正　石　右　內　出

23 左 ↔ [   ] 24 [   ] ↔ 入

05 다음 한자어의 뜻을 쓰세요. 25~26번

25 四時 ☞ [   ]

26 左手 ☞ [   ]

06 다음 밑줄 친 말에 알맞은 한자어를 |보기|에서 골라 완성하세요. 27~28번

|보기|

家　出　重　外　動　內

27 <u>외가</u>에 놀러 갑니다. ····· [   ]

28 소방차가 <u>출동</u>합니다. ··· [   ]

07 다음 물음에 답하세요. 29~30번

29 出 ㉠㉠획의 쓰는 순서를 쓰세요.
·························· [번째]

30 地 ㉠㉠획의 쓰는 순서를 쓰세요.
·························· [번째]

☺ 틀린 문제는 다음에 다시 한 번…

21 ~ 25

01 다음 한자어의 독음을 쓰세요. 1~8번

1 全力 [　　　]　2 安全 [　　　]

3 立冬 [　　　]　4 來年 [　　　]

5 休校 [　　　]　6 名物 [　　　]

7 年老 [　　　]　8 同氣 [　　　]

02 다음 한자의 훈과 음을 쓰세요. 9~16번

9 平 [　　　]　10 萬 [　　　]

11 祖 [　　　]　12 學 [　　　]

13 活 [　　　]　14 海 [　　　]

15 百 [　　　]　16 有 [　　　]

03 다음 훈과 음에 알맞은 한자를 |보기| 에서 골라 쓰세요. 17~22번

|보기|

老 川 地 門 村 江 草 文

17 땅[따] 지 [　　　]　18 마을 촌 [　　　]

19 늙을 로 [　　　]　20 강　강 [　　　]

21 풀　초 [　　　]　22 문　문 [　　　]

04 다음 한자의 상대, 또는 반대되는 한자를 |보기| 에서 골라 쓰세요. 23~24번

|보기|

前　上　天　後　土

23 先 ↔ [　　　]　24 [　　　] ↔ 地

05 다음 한자어의 뜻을 쓰세요. 25~26번

25 地名 ☞ [　　　　　]

26 每年 ☞ [　　　　　]

06 다음 밑줄 친 말에 알맞은 한자어를 |보기| 에서 골라 완성하세요. 27~28번

|보기|

字　色　正　民　子　紙　邑

27 답안지는 <u>정자</u>로 쓰세요. ····· [　　　]

28 <u>색지</u>로 종이 접기를 합니다. ·· [　　　]

07 다음 글자의 설명에 알맞은 한자를 |보기| 에서 골라 쓰세요. 29~30번

|보기|

全　休　正　名　村　有

29 '사람이 나무 그늘에서 쉬는 모양'을 본뜬 글자. ················· [　　　]

30 '없다'는 말에 반대, 또는 상대되는 뜻을 가진 글자. ··············· [　　　]

☺ 틀린 문제는 다음에 다시 한 번…

01 다음 한자어의 독음을 쓰세요. 1~8번

1 里長 [   ] 2 外來 [   ]

3 農村 [   ] 4 邑內 [   ]

5 便安 [   ] 6 來韓 [   ]

7 不足 [   ] 8 車道 [   ]

02 다음 한자의 훈과 음을 쓰세요.
9~16번

9 每 [   ] 10 電 [   ]

11 孝 [   ] 12 西 [   ]

13 靑 [   ] 14 家 [   ]

15 日 [   ] 16 事 [   ]

03 다음 훈과 음에 알맞은 한자를 |보기| 에서 골라 쓰세요. 17~22번

|보기|

子 市 字 春 自 洞 時 山

17 스스로자[   ] 18 봄   춘 [   ]

19 골   동 [   ] 20 저자 시 [   ]

21 아들 자 [   ] 22 메   산 [   ]

04 다음 한자의 상대, 또는 반대되는 한자를 |보기|에서 골라 쓰세요. 23~24번

|보기|

平   足   南   水   男

23 手 ↔ [   ] 24 [   ] ↔ 女

05 다음 한자어의 뜻을 쓰세요. 25~26번

25 長男 ☞ [   ]

26 來韓 ☞ [   ]

06 다음 한자어의 빈칸에 알맞은 한자를 |보기|에서 골라 쓰세요. 27~28번

|보기|

長   住   人   場   主

27 [   ]所 : 생활의 근거가 되는 곳.

28 校[   ] : 학교를 대표하는 사람.

07 다음 물음에 답하세요. 1~8번

29 車 ㉠획의 쓰는 순서를 쓰세요.
.... [번째]

30 長 ㉠획의 쓰는 순서를 쓰세요.
.... [번째]

☺ 틀린 문제는 다음에 다시 한 번…

/ 31 ~ 35 /

01 다음 한자어의 독음을 쓰세요. 1~8번

1 姓名 [   ] 2 林立 [   ]

3 敎育 [   ] 4 不便 [   ]

5 東海 [   ] 6 動物 [   ]

7 花林 [   ] 8 金色 [   ]

02 다음 한자의 훈과 음을 쓰세요.
9~16번

9 紙 [   ] 10 命 [   ]

11 事 [   ] 12 場 [   ]

13 面 [   ] 14 空 [   ]

15 草 [   ] 16 方 [   ]

03 다음 훈과 음에 알맞은 한자를 |보기| 에서 골라 쓰세요.   17~22번

| 보기 |

外 自 萬 白 農 後 目 前 百

17 농사 농 [   ] 18 일백 백 [   ]

19 일만 만 [   ] 20 뒤 후 [   ]

21 눈 목 [   ] 22 바깥 외 [   ]

04 다음 한자의 상대, 또는 반대되는 한자를 |보기|에서 골라 쓰세요.   23~24번

| 보기 |

同 先 北 東 後

23 前 ↔ [   ] 24 [   ] ↔ 西

05 다음 한자어의 뜻을 쓰세요. 25~26번

25 食事 ☞ [   ]

26 所有 ☞ [   ]

06 다음 한자어의 빈칸에 알맞은 한자를 |보기|에서 골라 쓰세요.   27~28번

| 보기 |

性 正 庭 白 姓

27 百[   ] : '국민'의 예스러운 말.

28 [   ]直 : 마음이 바르고 곧음.

07 다음 글자의 설명에 알맞은 한자를 |보기|에서 골라 쓰세요.   29~30번

| 보기 |

事 農 方 食 寸

29 '방향, 모서리' 등의 뜻을 가진 글자.
.... [   ]

30 '먹다, 밥' 등의 뜻을 가진 글자.
.... [   ]

☺ 틀린 문제는 다음에 다시 한 번…

36 ~ 40

01 다음 한자어의 독음을 쓰세요. 1~8번

1 後食 [   ] 2 國軍 [   ]

3 自活 [   ] 4 草家 [   ]

5 千秋 [   ] 6 重力 [   ]

7 立夏 [   ] 8 面前 [   ]

02 다음 한자의 훈과 음을 쓰세요.
9~16번

9 教 [   ] 10 天 [   ]

11 方 [   ] 12 洞 [   ]

13 村 [   ] 14 間 [   ]

15 門 [   ] 16 氣 [   ]

03 다음 훈과 음에 알맞은 한자를 |보기|에서 골라 쓰세요. 17~18번

|보기|

內 場 冬 入 長 動 火 春

17 봄   춘 [   ] 18 겨울 동 [   ]

19 긴   장 [   ] 20 안   내 [   ]

21 움직일동[   ] 22 불   화 [   ]

04 다음 한자의 상대, 또는 반대되는 한자를 |보기|에서 골라 쓰세요. 23~24번

|보기|

江 南 先 西 後

23 [   ] ↔ 北 24 前 ↔ [   ]

05 다음 한자어의 뜻을 쓰세요. 25~26번

25 入室 ☞ [   ]

26 南海 ☞ [   ]

06 다음 밑줄 친 말에 알맞은 한자어를 |보기|에서 골라 완성하세요. 27~28번

|보기|

紙 家 食 歌 草 民

27 산너머에 민가가 있습니다. … [   ]

28 토끼는 초식동물입니다. ……… [   ]

07 다음 물음에 답하세요. 29~30번

29 村 ㉠

㉠획의 쓰는 순서를 쓰세요.
………………………… [번째]

30 每 ㉠

㉠획의 쓰는 순서를 쓰세요.
………………………… [번째]

☺ 틀린 문제는 다음에 다시 한 번…

41 ~ 45

01 다음 한자어의 독음을 쓰세요. 1~8번

1 記事 [   ] 2 空間 [   ]

3 外祖 [   ] 4 不動 [   ]

5 問安 [   ] 6 立場 [   ]

7 天然 [   ] 8 國手 [   ]

02 다음 한자의 훈과 음을 쓰세요.
9~16번

9 世 [   ] 10 海 [   ]

11 文 [   ] 12 物 [   ]

13 子 [   ] 14 上 [   ]

15 學 [   ] 16 休 [   ]

03 다음 훈과 음에 알맞은 한자를 |보기|에서 골라 쓰세요. 17~22번

|보기|

家 紙 文 面 時 自 問 歌

17 물을 문 [   ] 18 노래 가 [   ]

19 때 시 [   ] 20 낯 면 [   ]

21 종이 지 [   ] 22 스스로 자 [   ]

04 다음 한자의 상대, 또는 반대되는 한자를 |보기|에서 골라 쓰세요. 23~24번

|보기|

女 登 上 弟 子

23 兄 ↔ [   ] 24 [   ] ↔ 下

05 다음 한자어의 뜻을 쓰세요. 25~26번

25 登校 ☞ [   ]

26 國花 ☞ [   ]

06 다음 한자어의 빈칸에 알맞은 한자를 |보기|에서 골라 쓰세요. 27~28번

|보기|

問 上 教 文 登 育

27 [   ]場 : 무대나 연단 위에 나타남.

28 學 [   ] : 지식을 배워서 익힘.

07 다음 글자의 설명에 알맞은 한자를 |보기|에서 골라 쓰세요. 29~30번

|보기|

月 下 足 時 手 日

29 '발'의 뜻에 반대되는 글자.
·· [   ]

30 '해의 모양'을 본뜬 글자.
·· [   ]

☺ 틀린 문제는 다음에 다시 한 번…

━━━━━ / **46 ~ 50** / ━━━━━

01 다음 한자어의 독음을 쓰세요. 1~8번

1 數年 [   ] 2 算出 [   ]

3 北韓 [   ] 4 下旗 [   ]

5 歌手 [   ] 6 電話 [   ]

7 軍歌 [   ] 8 正道 [   ]

02 다음 한자의 훈과 음을 쓰세요.
9~16번

9 國 [   ] 10 江 [   ]

11 漢 [   ] 12 動 [   ]

13 語 [   ] 14 年 [   ]

15 萬 [   ] 16 力 [   ]

03 다음 훈과 음에 알맞은 한자를 |보기| 에서 골라 쓰세요. 17~22번

| 보기 |
| 直 物 植 國 文 電 全 正 問 |

17 나라 국 [   ] 18 물건 물 [   ]

19 글월 문 [   ] 20 번개 전 [   ]

21 심을 식 [   ] 22 바를 정 [   ]

04 다음 한자의 상대, 또는 반대되는 한자를 |보기|에서 골라 쓰세요. 23~24번

| 보기 |
| 火 木 答 地 聞 |

23 問 ↔ [   ] 24 水 ↔ [   ]

05 다음 한자어의 뜻을 쓰세요. 25~26번

25 手話 ☞ [   ]

26 下旗 ☞ [   ]

06 다음 밑줄 친 말에 알맞은 한자어를 |보기|에서 골라 완성하세요. 27~28번

| 보기 |
| 旗 電 韓 全 國 氣 漢 |

27 우리는 한국의 어린이. ┄┄┄┄ [   ]

28 수돗물과 전기를 아껴 쓰자! ┄ [   ]

07 다음 물음에 답하세요. 29~30번

29 正 ㉠ ㉠획의 쓰는 순서를 쓰세요.
┄┄┄┄┄┄┄┄┄ [번째]

30 方 ㉠ ㉠획의 쓰는 순서를 쓰세요.
┄┄┄┄┄┄┄┄┄ [번째]

☺ 틀린 문제는 다음에 다시 한 번…

한자능력 검정시험

기출 · 예상문제
(8급 · 7II · 7급)

학습
도움

○─ **기출 · 예상문제** ─○

기출 · 예상문제란 그동안 출제되었던 문제와 앞으로 출제 가능한 문제들을 한데 모아 엮은 것으로, 출제 경향과 문제의 난이도를 측정해 보는 데에 도움이 되도록 엮은 것입니다.

○─ **정답확인** ─○

문제 해답은 별책부록(28쪽 ~ 32쪽)에 실려 있습니다.

01 다음 글을 읽고 번호가 매겨진 한자漢字나 한자어漢字語의 독음讀音을 쓰세요.
01~15번

┌─────────────────────────────┐
│ 가 十月¹ 구일은 한글날입니다. │
│   │
│ 나 개천절은 단군王²검께서 나라를 │
│   세우신 날입니다. 國民³ 모두 이 │
│   날을 기념합니다.   │
│   │
│ 다 南⁴쪽 사람과 北⁵쪽 사람은 韓⁶민 │
│   족의 한 형제입니다.   │
│   │
│ 라 外⁷삼寸⁸은 예비軍⁹입니다. │
│   │
│ 마 四¹⁰촌 동생이 우리집 大門¹¹을 열 │
│   고 들어옵니다.   │
│   │
│ 바 金¹²동수는 나의 친한 친구입니다. │
│   │
│ 사 이번 土¹³요日¹⁴은 아우의 生¹⁵일 │
│   입니다.   │
└─────────────────────────────┘

01 十月[   ]   02 王 [   ]

03 國民[   ]   04 南 [   ]

05 北 [   ]   06 韓 [   ]

07 外 [   ]   08 寸 [   ]

09 軍 [   ]   10 四 [   ]

11 大門[   ]   12 金 [   ]

13 土 [   ]   14 日 [   ]

15 生 [   ]

02 다음 한자漢字의 훈[訓 : 뜻]과 음[音 : 소리]을 쓰세요.
16~25번

| 보기 |
音 - [소리 음]

16 女 - [   ]

17 東 - [   ]

18 白 - [   ]

19 小 - [   ]

20 先 - [   ]

21 年 - [   ]

22 六 - [   ]

23 八 - [   ]

24 火 - [   ]

25 學 - [   ]

03 다음에 알맞은 한자漢字를 |보기|에서 골라 그 번호를 쓰세요.   26~35번

|보기|

① 三　② 室　③ 西　④ 人

⑤ 七　⑥ 萬　⑦ 中　⑧ 水

⑨ 弟　⑩ 兄

26 형　　형 [   ]　27 아우　제 [   ]

28 석　　삼 [   ]　29 가운데중 [   ]

30 집　　실 [   ]　31 사람　인 [   ]

32 일곱　칠 [   ]　33 서녘　서 [   ]

34 일만　만 [   ]　35 물　　수 [   ]

04 다음에 밑줄 친 낱말의 뜻에 알맞은 한자漢字를 |보기|에서 찾아 그 번호를 쓰세요.   36~40번

|보기|

① 父　② 山　③ 小

④ 木　⑤ 靑　⑥ 母

　　길호는 추석에 아버지³⁶ · 어머니³⁷와 함께 산³⁸소에 가서 성묘를 하고, 나무³⁹에 기대어 푸른⁴⁰ 하늘을 바라보았습니다.

36 아버지 [   ]　37 어머니 [   ]

38 산　　 [   ]　39 나무　 [   ]

40 푸른　 [   ]

05 아래 글의 ㉠과 ㉡의 밑줄 친 낱말에 공통으로 쓰이는 한자漢字를 |보기|에서 골라 그 번호를 쓰세요.   41~43번

|보기|

① 敎　② 弟　③ 校

④ 長　⑤ 五　⑥ 室

41 ㉠아버지께서 오십회 생일을 맞이하
   였습니다.

   ㉡보름날 아침 오곡밥을 먹었습니다.

   ·········· [   ]

42 ㉠학교 생활이 즐겁습니다.

   ㉡교장 선생님께서 시상을 하셨습니다.

   ·········· [   ]

43 ㉠학생들이 교실에서 그림을 그립니다.

   ㉡교육에서 국어가 가장 중요합니다.

   ·········· [   ]

06 다음 한자漢字의 훈[訓 : 뜻]이나 음[音 : 소리]
을 |보기|에서 찾아 그 번호를 쓰세요.

44~48번

|보기|

①문 ②사람 ③둘 ④산

⑤물 ⑥나무 ⑦날 ⑧아홉

44 二 [   ]   45 水 [   ]

46 九 [   ]   47 門 [   ]

48 山 [   ]

07 다음 한자漢字의 색이 다른 획은 몇 번
째 쓰는지 |보기|에서 찾아 그 번호를
쓰세요.

49~50번

|보기|

①두 번째   ②세 번째

③네 번째   ④다섯 번째

49 北 ········ [   ]

50 火 ········ [   ]

• 채점방식 ▪ 1문제 : 1점
• 합격점수 ▪ 35점 이상

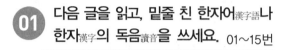

01 다음 글을 읽고, 밑줄 친 한자어漢字語나 한자漢字의 독음讀音을 쓰세요. 01~15번

> 가 <u>十</u>¹월 <u>九</u>²일은 한글날입니다. 한글날은 세종<u>大王</u>³이 훈민정음을 펴내신 날입니다.
>
> 나 <u>四寸</u>⁴동생과 함께 <u>外家</u>⁵에 갑니다.
>
> 다 지난 <u>土</u>⁶요일은 <u>國軍</u>⁷의 날이었습니다. 자랑스런 <u>軍人</u>⁸ 아저씨들이 행진했습니다.
>
> 라 우리나라는 <u>東</u>⁹쪽과 <u>西</u>¹⁰쪽 그리고 <u>南</u>¹¹쪽, 삼면이 바다이며 <u>北</u>¹²쪽은 육지와 연결되어 있습니다.
>
> 마 <u>月</u>¹³요일부터 <u>金</u>¹⁴요일까지 <u>學校</u>¹⁵에 갑니다.

01 十 [   ]   02 九 [   ]

03 大王[   ]   04 四寸[   ]

05 外家[   ]   06 土 [   ]

07 國軍[   ]   08 軍人[   ]

09 東 [   ]   10 西 [   ]

11 南 [   ]   12 北 [   ]

13 月 [   ]   14 金 [   ]

15 學校[   ]

02 다음 한자漢字의 훈[訓 : 뜻]과 음[音 : 소리]을 쓰세요. 16~25번

| 보기 |

力 − [힘 력]

16 六 − [   ]

17 韓 − [   ]

18 萬 − [   ]

19 年 − [   ]

20 長 − [   ]

21 先 − [   ]

22 生 − [   ]

23 白 - [   ]

24 靑 - [   ]

25 千 - [   ]

04 다음에 밑줄 친 낱말의 뜻에 알맞은 한자漢字를 |보기|에서 찾아 그 번호를 쓰세요.　　36~40번

|보기|
① 父　② 兄　③ 母
④ 八　⑤ 大　⑥ 小

나는 광복절인 팔³⁶월 십오일에, 아버지³⁷, 어머니³⁸ 그리고 형³⁹과 함께 독립기념관에 가서 큰⁴⁰ 태극기를 보았다.

36 팔　[   ]　37 아버지[   ]

38 어머니[   ]　39 형　[   ]

40 큰　[   ]

03 다음에 알맞은 한자漢字를 |보기|에서 골라 그 번호를 쓰세요.　　26~35번

|보기|
①小　②三　③山　④中
⑤火　⑥室　⑦民　⑧水
⑨門　⑩五

26 백성 민 [   ]　27 메　산 [   ]

28 작을 소 [   ]　29 가운데 중 [   ]

30 집　실 [   ]　31 불　화 [   ]

32 석　삼 [   ]　33 문　문 [   ]

34 다섯 오 [   ]　35 물　수 [   ]

05 다음 ㉠과 ㉡의 밑줄 친 낱말의 뜻에 어울리는 한자漢字는 무엇인지 |보기|에서 골라 그 번호를 쓰세요. 41~43번

|보기|
①生　②國　③年　④長

41 ㉠우리들은 어른을 존경합니다.
㉡학교의 어른은 교장 선생님입니다.
.... [   ]

42 ㉠ 우리 고모는 고등학<u>생</u>입니다.

㉡ 어제는 내 <u>생</u>일이었습니다.

················· [   ]

43 ㉠ 우리<u>나라</u> 국기는 태극기입니다.

㉡ 타<u>국</u>에서도 언제나 나라를 사랑하

는 마음입니다. ···· [   ]

06 다음 한자漢字의 훈[訓 : 뜻]이나 음[音 : 소리]을 |보기|에서 찾아 그 번호를 쓰세요.

44~48번

|보기|
① 다섯 ② 칠 ③ 먼저 ④ 계집
⑤ 마디 ⑥ 수 ⑦ 나무 ⑧ 아우

44 寸 [   ]   45 女 [   ]

46 弟 [   ]   47 木 [   ]

48 七 [   ]

07 다음 한자漢字의 색이 다른 획은 몇 번째 쓰는지 |보기|에서 찾아 그 번호를 쓰세요.

49~50번

|보기|
① 첫 번째   ② 두 번째
③ 세 번째   ④ 네 번째

49 父 ········· [   ]

50 中 ········· [   ]

- 채점방식 ▪ 1문제 : 1점
- 합격점수 ▪ 35점 이상

01 다음 밑줄 친 한자어漢字語의 독음[讀音: 읽는 소리]을 쓰세요. 01~22번

| 보기 |

漢字 → [한자]

01 서울 上空에 뭉게구름이 피었습니다.
.... [   ]

02 누나는 주말마다 봉사 活動을 합니다.
.... [   ]

03 우리 고장에 國立공원이 있습니다.
.... [   ]

04 꿈에 그리던 母女가 서로 만났습니다.
.... [   ]

05 쉬고 있던 火山이 폭발하였습니다.
.... [   ]

06 전학 간 친구에게서 電話가 왔습니다.
.... [   ]

07 모두들 귀를 쫑긋 세우고 先生님의 말씀을 들었습니다. ·· [   ]

08 형제는 自力으로 생활하기로 하였습니다. ·············· [   ]

09 오늘은 校內에서 사생 대회가 열립니다.
.... [   ]

10 모두 자기 手中에 있는 돈을 털어 성금을 내기로 하였습니다.
.... [   ]

11 초여름인 六月에 들어서면 여름방학이 기다려집니다. ···· [   ]

12 겉봉투에 보내는 사람의 姓名이 적혀 있었습니다. ······ [   ]

13 오늘 午後에는 눈이 내린다고 합니다.
.... [   ]

14 떨리는 마음으로 正答을 확인하였습니다. ·············· [   ]

15 우리나라는 南北으로 나뉘어 있습니다.
.... [   ]

16 황무지를 개간하여 農土를 일구었습니다.
.... [   ]

17 우정은 萬金으로도 바꿀 수 없는 것입니다. ·············· [   ]

18 그는 음악의 <u>大家</u>로부터 칭찬을 받았습니다. ············ [   ]

19 마을 <u>青年</u>들이 거리 청소를 하였습니다. ····················· [   ]

20 오늘은 <u>平時</u>보다 일찍 수업을 마쳤습니다. ··············· [   ]

21 그는 <u>每事</u>에 좋게 생각하려고 하였습니다. ············· [   ]

22 어머니를 따라 농수산물 <u>市場</u>에 다녀왔습니다. ········· [   ]

02 다음 한자漢字의 훈訓과 음音을 |보기|와 같이 쓰세요. 23~42번

|보기|
字 [글자 자]

23 左 [   ] 24 江 [   ]

25 東 [   ] 26 弟 [   ]

27 木 [   ] 28 九 [   ]

29 海 [   ] 30 氣 [   ]

31 西 [   ] 32 兄 [   ]

33 室 [   ] 34 直 [   ]

35 足 [   ] 36 小 [   ]

37 下 [   ] 38 工 [   ]

39 車 [   ] 40 軍 [   ]

41 王 [   ] 42 父 [   ]

03 다음 글을 읽고 밑줄 친 단어의 한자어 漢字語를 |보기|에서 골라 그 번호를 쓰세요. 43~44번

|보기|
① 正方 ② 間食 ③ 日記 ④ 孝子

43 낮에 <u>간식</u>으로 군고구마를 먹었습니다. ················· [   ]

44 그는 마을에서 <u>효자</u>로 소문이 났습니다. ················· [   ]

04 다음 훈(訓 : 뜻)과 음(音 : 소리)에 알맞은 한자漢字를 |보기|에서 골라 그 번호를 쓰세요. 45~54번

|보기|
① 物 ② 答 ③ 白 ④ 十 ⑤ 道
⑥ 事 ⑦ 青 ⑧ 世 ⑨ 韓 ⑩ 寸

45 길   도 [   ]   46 인간 세 [   ]

47 대답 답 [   ]   48 일   사 [   ]

49 열   십 [   ]   50 푸를 청 [   ]

51 마디 촌 [   ]   52 나라 한 [   ]

53 물건 물 [   ]   54 흰   백 [   ]

05 다음 한자漢字의 상대 또는 반대되는 한자漢字를 |보기|에서 골라 그 번호를 쓰세요.   55~56번

|보기|

① 江   ② 時   ③ 每   ④ 內

55 [   ] ↔ 外

56 [   ] ↔ 山

06 다음 한자어漢字語의 뜻을 쓰세요.   57~58번

57 門前 : [   ]

58 全力 : [   ]

07 다음 한자漢字의 색이 다른 획은 몇 번째 쓰는지 |보기|에서 찾아 그 번호를 쓰세요.   59~60번

|보기|

① 첫 번째   ② 두 번째   ③ 세 번째
④ 네 번째   ⑤ 다섯 번째   ⑥ 여섯 번째
⑦ 일곱 번째   ⑧ 여덟 번째   ⑨ 아홉 번째
⑩ 열 번째

59   ……… [   ]

60   ……… [   ]

• 채점방식 ▪ 1문제 : 1점
• 합격점수 ▪ 42점 이상

01 다음 밑줄 친 한자어漢字語의 독음[讀音 : 읽는 소리]을 쓰세요. 01~22번

| 보기 |

漢字 → [한자]

01 비행기는 安全하게 착륙했습니다.
.... [   ]

02 우리 마을은 手工예품이 유명합니다.
.... [   ]

03 할아버지는 年金을 받고 계십니다.
.... [   ]

04 三寸은 작년에 군인이 되었습니다.
.... [   ]

05 우리 반 급훈은 '正直'입니다.
.... [   ]

06 몸이 아프면 萬事가 다 귀찮아집니다.
.... [   ]

07 절약하며 生活하는 습관이 중요합니다.
.... [   ]

08 아무리 추워도 북극 動物들은 잘 견딥
니다. .... [   ]

09 댐의 水門을 열자, 거센 물줄기가 쏟아
져 내렸습니다. ·· [   ]

10 '꽝'하는 소리에 四方을 둘러보았습
니다. .... [   ]

11 새로 오신 校長선생님께서 기념식수를
하셨습니다. ...... [   ]

12 그는 일의 大小를 가리지 않고 앞장섰
습니다. .... [   ]

13 선생님께서는 고향에서 後學을 가르쳤
습니다. .... [   ]

14 손을 잡고 걸어가는 두 母子의 모습이
행복하게 보입니다.
.... [   ]

15 그 일을 하기에는 인원이 不足하였습
니다. .... [   ]

16 강아지가 갑자기 車道로 뛰어들었습
니다. .... [   ]

17 자신이 지은 농산물을 市中에 내다 팔
았습니다. .... [   ]

18 그는 모든 것을 自白하고 눈물을 흘렸
습니다. .... [   ]

19 그들의 사랑은 <u>時空</u>을 넘어 감동을 전합니다. ············· [   ]

20 우리 학교 체육복은 <u>男女</u> 구별이 없습니다. ·············· [   ]

21 온 <u>國民</u>이 하나가 되어 우리 선수단을 응원하였습니다. ·· [   ]

22 난로에 불을 지피자, <u>火氣</u>가 피어올랐습니다. ············· [   ]

02 다음 한자漢字의 훈訓과 음音을 |보기|와 같이 쓰세요.   23~42번

|보기|

字 [글자 자]

23 力 [   ]   24 場 [   ]

25 午 [   ]   26 月 [   ]

27 間 [   ]   28 農 [   ]

29 土 [   ]   30 立 [   ]

31 先 [   ]   32 江 [   ]

33 南 [   ]   34 靑 [   ]

35 八 [   ]   36 敎 [   ]

37 每 [   ]   38 右 [   ]

39 平 [   ]   40 內 [   ]

41 名 [   ]   42 五 [   ]

03 다음 글을 읽고 밑줄 친 단어의 한자어 漢字語를 |보기|에서 골라 그 번호를 쓰세요.   43~44번

|보기|

①左前 ②軍人 ③海上 ④王室

43 <u>해상</u>에서 강한 바람이 불어왔습니다. ································· [   ]

44 씩씩한 모습으로 <u>군인</u>들이 거리를 행진합니다. ················ [   ]

04 다음 훈(訓 : 뜻)과 음(音 : 소리)에 알맞은 한자漢字를 |보기|에서 골라 그 번호를 쓰세요.   45~54번

|보기|

①電 ②兄 ③話 ④記 ⑤父
⑥韓 ⑦外 ⑧下 ⑨世 ⑩七

45 일곱 칠 [   ] 46 나라 한 [   ]

47 말씀 화 [   ] 48 기록할 기 [   ]

49 번개 전 [   ] 50 바깥 외 [   ]

51 형   형 [   ] 52 아래 하 [   ]

53 아비 부 [   ] 54 인간 세 [   ]

05 다음 한자漢字의 상대 또는 반대되는 한자漢字를 |보기|에서 골라 그 번호를 쓰세요.
55~56번

|보기|

① 弟   ② 東   ③ 前   ④ 北

55 [   ] ↔ 後

56 [   ] ↔ 西

06 다음 한자어漢字語의 뜻을 쓰세요.
57~58번

57 食水 : [   ]

58 家事 : [   ]

07 다음 한자漢字의 색이 다른 획은 몇 번째 쓰는지 |보기|에서 찾아 그 번호를 쓰세요.
59~60번

|보기|

① 첫 번째   ② 두 번째   ③ 세 번째
④ 네 번째   ⑤ 다섯 번째 ⑥ 여섯 번째
⑦ 일곱 번째 ⑧ 여덟 번째 ⑨ 아홉 번째
⑩ 열 번째

59  ‥‥‥ [   ]

60   ‥‥‥ [   ]

• 채점방식 ▪ 1문제 : 1점
• 합격점수 ▪ 42점 이상

01 다음 한자어漢字語의 독음讀音을 쓰세요.

01~32번

|보기|

漢字 → [한자]

01 이번 여행은 <u>萬里</u>의 길을 다녀오는 것입니다. ·············· [   ]

02 신문 <u>紙面</u>에 광고를 하였습니다.
·························· [   ]

03 노을로 물든 <u>西便</u> 하늘을 바라보았습니다. ··············· [   ]

04 고드름이 <u>空中</u>에 길게 매달렸습니다.
·························· [   ]

05 이튿날 <u>午前</u> 9시에 만나기로 하였습니다.
·························· [   ]

06 경찰은 밤낮없이 <u>活動</u>하여 사건을 해결하였습니다. ··· [   ]

07 황금 같은 <u>秋夕</u> 연휴를 가족과 함께 보냈습니다. ··········· [   ]

08 마을 사람들은 그의 <u>孝道</u>를 칭찬하였습니다. ··········· [   ]

09 달리기 경주에서 <u>全力</u>을 다하여 뛰었습니다. ··········· [   ]

10 걷기 대회에 수많은 <u>市民</u>이 참여하였습니다. ··········· [   ]

11 빠른 응급처치로 환자의 <u>生命</u>을 살렸습니다. ·············· [   ]

12 우리집에서는 잡곡밥을 <u>主食</u>으로 하고 있습니다. ········· [   ]

13 새로운 서구 <u>文物</u>이 물밀듯 들어왔습니다. ·············· [   ]

14 그는 좋은 <u>家門</u>에서 태어났습니다.
·························· [   ]

15 학생들은 질서 있게 <u>教室</u>로 들어갔습니다. ·············· [   ]

16 여행 <u>日記</u>를 모아서 책으로 엮었습니다.
·························· [   ]

17 맑게 갠 하늘은 <u>青色</u>을 띠고 있습니다.
·························· [   ]

18 새로 이사 온 <u>女子</u>는 무척 상냥하였습니다. ················· [   ]

19 그는 <u>長男</u>으로서 동생들을 보살폈습니다. ················· [   ]

20 편지 겉봉투에 <u>住所</u>가 적혀있습니다.
·························· [   ]

21 기다렸다가 맨 뒤에 <u>下車</u>하기로 하였습니다. ··········· [   ]

22 게양대의 <u>國旗</u>가 바람에 펄럭입니다.
·························· [   ]

23 소프라노 <u>歌手</u>의 노래가 들려왔습니다.
     ······················· [   ]

24 우리 마을에 <u>工場</u>이 들어섰습니다.
     ······················· [   ]

25 제비가 <u>江南</u>으로 갔다가 이듬해 박씨를
     물고 왔습니다. ··· [   ]

26 아버지께서 <u>海外</u> 출장을 다녀오셨습
     니다. ····················· [   ]

27 겨우내 가물더니 <u>立春</u>이 지나도 물이
     부족합니다. ······ [   ]

28 사람들은 기도하며 <u>來世</u>의 복을 빌었
     습니다. ············· [   ]

29 징검다리를 건너는 모습이 <u>不安</u>해 보
     였습니다. ·········· [   ]

30 아름다운 <u>自然</u>을 잘 가꾸어야 합니다.
     ······················· [   ]

31 조카는 언니와 <u>兄夫</u>를 조금씩 닮았습
     니다. ················· [   ]

32 오랜만에 친구에게서 <u>電話</u>가 왔습니다.
     ······················· [   ]

02 다음 한자漢字의 훈訓과 음音을 쓰세요.

33~51번

|보기|

字 [글자 자]

33 育 [   ] 34 弟 [   ]

35 口 [   ] 36 後 [   ]

37 名 [   ] 38 年 [   ]

39 有 [   ] 40 東 [   ]

41 算 [   ] 42 百 [   ]

43 同 [   ] 44 植 [   ]

45 足 [   ] 46 木 [   ]

47 土 [   ] 48 村 [   ]

49 平 [   ] 50 川 [   ]

51 心 [   ]

03 다음 한자어漢字語의 뜻을 쓰세요.

52~53번

52 正直 : [   ]

53 登校 : [   ]

04 다음 훈訓과 음音에 맞는 한자漢字를 |보기|에서 골라 그 번호를 쓰세요.

54~61번

|보기|

① 母 ② 林 ③ 立 ④ 上 ⑤ 休
⑥ 事 ⑦ 白 ⑧ 冬 ⑨ 氣 ⑩ 邑

54 쉴 휴 [   ] 55 윗 상 [   ]

56 흰   백 [   ]   57 겨울 동 [   ]

58 기운 기 [   ]   59 고을 읍 [   ]

60 수풀 림 [   ]   61 설   립 [   ]

05 다음 한자의 색이 다른 획은 몇 번째 쓰는지 그 획수의 번호를 쓰세요.

62~63번

|보기|

①첫 번째 ②두 번째 ③세 번째

④네 번째 ⑤다섯 번째 ⑥여섯 번째

⑦일곱 번째 ⑧여덟 번째

62 世 …… [   ]

63 安 …… [   ]

06 다음 한자漢字의 상대, 또는 반대되는 한자漢字를 |보기|에서 골라 그 번호를 쓰세요.

64~66번

|보기|

①北 ②老 ③外 ④左

64 內 ↔ [   ]   65 南 ↔ [   ]

66 [   ] ↔ 少

07 다음 [   ] 속에 알맞은 한자漢字를 |보기|에서 골라 그 번호를 쓰세요.

67~68번

|보기|

①時 ②手 ③四 ④水

67 [   ]方 : 동서남북 네 방위

68 [   ]火 : 물과 불

08 다음 밑줄 친 구절의 뜻에 가장 가까운 한자어漢字語를 |보기|에서 골라 그 번호를 쓰세요.

69~70번

|보기|

①先後 ②來日 ③門前 ④問答

69 학생들은 서로 묻고 대답하며 문제를 풀어갔습니다. ……… [   ]

70 일에는 먼저하고 나중에 할 것이 있습니다. …………… [   ]

● 채점방식 ▪ 1문제 : 1점
● 합격점수 ▪ 49점 이상

01 다음 한자어漢字語의 독음讀音을 쓰세요.

01~32번

| 보기 |

漢字 → [한자]

01 그는 王家의 후손입니다.
 ·························· [   ]

02 삼국시대 이전에 우리나라 남쪽에 있었던 세 나라를 三韓이라고 합니다.
 ·························· [   ]

03 인공위성은 重力의 영향을 받아 지구의 둘레를 돕니다.
 ·························· [   ]

04 가뭄 끝에 내리는 단비는 農心을 기쁘게 하였습니다. ·· [   ]

05 학생들이 校歌를 합창하였습니다.
 ·························· [   ]

06 부상이 그만해서 千萬다행입니다.
 ·························· [   ]

07 동생이 하얀 白紙에 낙서를 하였습니다.
 ·························· [   ]

08 우유와 빵으로 아침 食事를 했습니다.
 ·························· [   ]

09 자식들의 태도로 보아 가정 敎育을 짐작할 수 있습니다. ·· [   ]

10 우리 마을에 市立도서관이 문을 열었습니다. ·········· [   ]

11 10분 먼저 약속 場所에 나갔습니다.
 ·························· [   ]

12 수해를 입은 住民들을 위로하였습니다. ·········· [   ]

13 우리 고장은 맑고 깨끗한 경치로 有名합니다. ·········· [   ]

14 운동회에서 靑軍이 이겼습니다.
 ·························· [   ]

15 1학기와 2학기 성적을 합하여 算出하였습니다. ········ [   ]

16 눈이 온다던 日氣예보가 적중했습니다.
 ·························· [   ]

17 물체가 움직이면 카메라가 自動으로 작동됩니다. ······ [   ]

18 아열대성의 植物들이 숲을 이루고 있습니다. ·········· [   ]

19 건강검진을 위해 小便검사를 하였습니다. ·········· [   ]

20 남자와 여자를 同數의 인원으로 뽑았습니다. ·········· [   ]

21 "집안은 平安하신지요?"
 ·························· [   ]

22 산짐승을 잡기 위해 <u>邑村</u>의 사냥꾼들을 불러 모았습니다.

·················· [   ]

23 봄이 되면 온갖 <u>草木</u>이 싹이 틉니다.

·················· [   ]

24 신문기사 <u>全文</u>을 읽어보았습니다.

·················· [   ]

25 주민들은 <u>洞里</u> 전체가 깨끗해졌다고 기뻐하였습니다.·· [   ]

26 매년 <u>十月</u> 초순에 단풍 구경을 갑니다.

·················· [   ]

27 새벽에 <u>電話</u>가 와서 깜짝 놀랐습니다.

·················· [   ]

28 <u>先人</u>들의 훌륭한 작품을 '고전'이라고 합니다. ············ [   ]

29 그녀는 홀로 된 아버지를 정성으로 모시고 사는 <u>孝女</u>입니다.

·················· [   ]

30 동생은 올해 초등학교에 <u>入學</u>하였습니다. ··············· [   ]

31 그는 가난하지만 <u>正直</u>하게 살려고 노력하였습니다. ··· [   ]

32 친구의 도움으로 <u>中間</u>에 그만두지 않고 일을 마칠 수 있었습니다.

·················· [   ]

02 다음 한자漢字의 훈訓과 음音을 쓰세요.

33~51번

| 보기 |

字 [글자 자]

33 江 [   ] 34 年 [   ]

35 林 [   ] 36 東 [   ]

37 金 [   ] 38 夏 [   ]

39 色 [   ] 40 世 [   ]

41 足 [   ] 42 空 [   ]

43 地 [   ] 44 面 [   ]

45 冬 [   ] 46 後 [   ]

47 川 [   ] 48 寸 [   ]

49 土 [   ] 50 來 [   ]

51 然 [   ]

03 다음 한자어漢字語의 뜻을 쓰세요.

52~53번

52 兄夫 : [   ]

53 下山 : [   ]

04 다음 훈訓과 음音에 맞는 한자漢字를 |보기|에서 골라 그 번호를 쓰세요.

54~61번

| 보기 |

① 弟 ② 旗 ③ 活 ④ 祖 ⑤ 時

⑥ 春 ⑦ 室 ⑧ 答 ⑨ 休 ⑩ 記

54 집 실 [   ]   55 살 활 [   ]

56 쉴 휴 [   ]   57 때 시 [   ]

58 아우 제 [   ]   59 대답 답 [   ]

60 봄 춘 [   ]   61 할아비 조 [   ]

05 다음 한자의 색이 다른 획은 몇 번째 쓰는지 그 획수의 번호를 쓰세요.

62~63번

| 보기 |

① 첫 번째   ② 두 번째   ③ 세 번째

④ 네 번째   ⑤ 다섯 번째   ⑥ 여섯 번째

⑦ 일곱 번째   ⑧ 여덟 번째

62  ······ [   ]

63  ······ [   ]

06 다음 한자漢字의 상대, 또는 반대되는 한자漢字를 |보기|에서 골라 그 번호를 쓰세요.

54~61번

| 보기 |

① 小   ② 少   ③ 先   ④ 右

64 左 ↔ [   ]   65 大 ↔ [   ]

66 [   ] ↔ 後

07 다음 [   ] 속에 알맞은 한자漢字를 |보기|에서 골라 그 번호를 쓰세요.

67~68번

| 보기 |

① 門   ② 父   ③ 夫   ④ 外

67 (   )子 : 아버지와 아들

68 (   )祖 : 외할아버지

08 다음 밑줄 친 구절의 뜻에 가장 가까운 한자어漢字語를 |보기|에서 골라 그 번호를 쓰세요.

69~70번

| 보기 |

① 手足 ② 手工 ③ 直立 ④ 大道

69 "큰 길에서 공을 차고 놀지 마라."

················· [   ]

70 너무 추워서 손과 발이 꽁꽁 얼었습니다.

················· [   ]

- 채점방식 ▪ 1문제 : 1점
- 합격점수 ▪ 49점 이상

01 다음 한자어漢字語의 독음讀音을 쓰세요.

01~32번

|보기|

漢字 → [한자]

01 어부는 江村에서 자연과 더불어 살았습니다. ·············· [   ]

02 할머니는 年老하셔서 멀리 가실 수 없습니다. ·············· [   ]

03 오늘은 겨울이 시작된다는 立冬입니다. ················· [   ]

04 금강산에서 南北 이산가족이 만났습니다. ·············· [   ]

05 해외 동포에게 母國의 소식을 전하였습니다. ·············· [   ]

06 이 마을 住民은 대부분 연세가 많습니다. ················· [   ]

07 토분은 식물의 生育에 좋습니다. ················· [   ]

08 형이 軍旗를 들고 맨 앞에 입장하였습니다. ················· [   ]

09 실험은 발사 直前에 중단되었습니다. ················· [   ]

10 밤하늘엔 별 數千 개가 반짝입니다. ················· [   ]

11 그리 멀지 않은 小邑에서 살고 있습니다. ················· [   ]

12 학교까지 十里쯤 걸어 다녀야 합니다. ················· [   ]

13 해마다 六月에 백일장을 엽니다. ················· [   ]

14 일주일에 한 번 夕食은 국수로 합니다. ················· [   ]

15 사고가 나면 車主에게 책임이 있습니다. ················· [   ]

16 인간은 사회 文物의 변화에 적응하기 위해 교육을 받아야 합니다. ················· [   ]

17 그는 몸이 아프니, 萬事가 귀찮다고 합니다. ················· [   ]

18 비행기는 5,000미터 上空을 날고 있습니다. ················· [   ]

19 아버지는 이번에 室長으로 진급하셨습니다. ················· [   ]

20 두 선수가 同時에 출발하였습니다. ················· [   ]

21 서산으로 해가 지자, <u>四方</u>이 깜깜해졌
   습니다. ················ [   ]

22 재래식 <u>便所</u>를 수세식으로 고쳤습니다.
   ···························· [   ]

23 인간은 <u>自然</u>과 조화를 이루며 살아가
   야 합니다. ············· [   ]

24 영웅의 이름은 <u>後世</u>에 영원히 남습니다.
   ···························· [   ]

25 새벽부터 내린 비는 <u>正午</u>가 되어서야
   그쳤습니다. ··········· [   ]

26 어린 <u>少女</u>의 뛰어난 연주 솜씨에 모두
   감동했습니다. ········ [   ]

27 자동차 조립 <u>工場</u>을 견학하였습니다.
   ···························· [   ]

28 난민들은 식량<u>不足</u>으로 허덕였습니다.
   ···························· [   ]

29 회의에서 <u>學內</u> 자동차 진입을 금지하
   기로 결정하였습니다.
   ···························· [   ]

30 배가 물결에 의해 <u>左右</u>로 흔들렸습니다.
   ···························· [   ]

31 인상은 <u>力道</u> 경기 종목의 하나입니다.
   ···························· [   ]

32 태풍으로 <u>農家</u>들이 큰 피해를 입었습
   니다. ···················· [   ]

02 다음 한자_{漢字}의 훈_訓과 음_音을 쓰세요.
33~51번

| 보기 |
字 [글자 자]

33 夫 [   ]   34 電 [   ]
35 面 [   ]   36 川 [   ]
37 中 [   ]   38 男 [   ]
39 有 [   ]   40 植 [   ]
41 動 [   ]   42 命 [   ]
43 重 [   ]   44 間 [   ]
45 話 [   ]   46 紙 [   ]
47 先 [   ]   48 算 [   ]
49 教 [   ]   50 記 [   ]
51 名 [   ]

03 다음 한자어_{漢字語}의 뜻을 쓰세요.
52~53번

52 海水 : [   ]

53 日氣 : [   ]

04 다음 훈_訓과 음_音에 맞는 한자_{漢字}를
|보기|에서 골라 그 번호를 쓰세요.
54~61번

| 보기 |
① 色   ② 入   ③ 姓   ④ 問   ⑤ 活
⑥ 孝   ⑦ 洞   ⑧ 下   ⑨ 市   ⑩ 登

54 살　활 [　　　] 　55 아래 하 [　　　]

56 오를 등 [　　　] 　57 저자 시 [　　　]

58 들　입 [　　　] 　59 골　동 [　　　]

60 효도 효 [　　　] 　61 물을 문 [　　　]

05 다음 한자의 색이 다른 획은 몇 번째 쓰는지 그 획수의 번호를 쓰세요.

62~63번

| 보기 |

① 첫 번째 　② 두 번째 　③ 세 번째

④ 네 번째 　⑤ 다섯 번째 　⑥ 여섯 번째

⑦ 일곱 번째 　⑧ 여덟 번째

62 家 ……… [　　　]

63 色 ……… [　　　]

06 다음 한자漢字의 상대, 또는 반대되는 한자漢字를 |보기|에서 골라 그 번호를 쓰세요.

64~66번

| 보기 |

① 外 　② 天 　③ 出 　④ 女

64 子 ↔ [　　　] 　65 內 ↔ [　　　]

66 [　　　] ↔ 地

07 다음 [　　] 속에 알맞은 한자漢字를 |보기|에서 골라 그 번호를 쓰세요.

67~68번

| 보기 |

① 來 　② 室 　③ 草 　④ 百

67 [　　　]食 : 푸성귀나 풀만 먹음.

68 [　　　]韓 : 외국인이 한국에 옴.

08 다음 밑줄 친 구절의 뜻에 가장 가까운 한자어漢字語를 |보기|에서 골라 그 번호를 쓰세요.

69~70번

| 보기 |

① 山花 　② 百花 　③ 每事 　④ 記事

69 화창한 봄 날씨에 온갖 꽃이 활짝 피었습니다. …………………… [　　　]

70 실수하지 않도록 하는 일마다 조심해야 합니다. ………… [　　　]

- 채점방식 · 1문제 : 1점
- 합격점수 · 49점 이상

《부수일람표》

【1획】

부수	뜻	음
一	하나	일
丨	뚫다	곤
丶	구절 찍다	주
丿	삐치다	별
乙	새	을
亅	갈고리	궐

【2획】

부수	뜻	음
二	둘	이
亠	윗부분	두
人·亻	사람	인
儿	어진사람	인
入	들어가다	입
八	여덟	팔
冂	멀다·들밖	경
冖	덮다	멱
冫	얼음	빙
几	책상	궤
凵	입벌리다	감
刀·刂	칼	도
力	힘	력
勹	감싸다	포
匕	숟가락·비수	비
匚	모진그릇	방
匸	감추다	혜
十	열	십
卜	점	복
卩·㔾	병부	절
厂	기슭	엄
厶	사사	사
又	또	우

【3획】

부수	뜻	음
口	입	구
囗	에워싸다	위
土	흙	토
士	선비	사
夂	뒤에 오다	치
夊	편안히 걷다	쇠
夕	저녁	석
大	크다	대
女	계집	녀
子	아들	자
宀	집	면
寸	마디	촌
小	작다	소
尢·兀	절뚝발이	왕
尸	주검	시
屮	움이나다	철
山	메	산
川·巛	내	천
工	장인	공
己	몸	기
巾	수건	건
干	방패	간
幺	작다	요
广	돌집	엄
廴	길게 걷다	인
廾	손 맞잡다	공
弋	주살	익
弓	활	궁
彐·彑	돼지머리	계
彡	터럭	삼
彳	자축거리다	척

【4획】

부수	뜻	음
心·忄·㣺	마음	심
戈	창	과
戶	집·지게문	호
手·扌	손·재방변	수
支	지탱하다	지
攴·攵	치다	복
文	글월	문
斗	말	두
斤	도끼	근
方	모	방
无·旡	없다	무
日	날·해	일
曰	가로되	왈
月	달	월
木	나무	목
欠	하품	흠
止	그치다	지
歹·歺	뼈 앙상하다	알
殳	창·치다	수
毋	없다	무
比	견주다	비
毛	털	모
氏	각시·성씨	씨
气	기운	기
水·氵·氺	물	수
火·灬	불	화
爪·爫	손톱	조
父	아버지	부
爻	사귀다	효
爿	조각널	장
片	조각	편
牙	어금니	아
牛·牜	소	우
犬·犭	개	견

【5획】

부수	뜻	음
玉·王	구슬	옥
玄	검다	현
瓜	오이	과
瓦	기와·질그릇	와
甘	(맛이)달다	감
生	낳다·살다	생
用	사용하다	용
田	밭	전
疋	발	소
疒	질병	녁
癶	걷다·가다	발
白	희다·아뢰다	백
皮	가죽·껍질	피
皿	그릇	명
目	눈	목
矛	창	모
矢	화살	시
石	돌·섬	석
示·礻	보이다	시
禸	짐승 발자국	유
禾	벼·곡식	화
穴	구멍	혈
立	서다·세우다	립

【6획】

부수	뜻	음
竹	대나무	죽
米	쌀	미
糸	실	사
缶	장군	부
网·罔	그물	망
羊	양	양
羽	깃	우
老·耂	늙다	로
而	말을 잇다	이
耒	쟁기	뢰
耳	귀	이
聿	붓	율
肉·月	고기	육
臣	신하	신
自	스스로	자
至	이르다	지
臼	절구	구
舌	혀	설
舛	어그러지다	천
舟	배	주
艮	그치다	간
色	빛	색
艸·艹	풀	초
虍	범의 문채	호
虫	벌레	충
血	피	혈
行	다니다	행
衣·衤	옷	의
襾·西	덮다	아

【7획】

부수	뜻	음
見	보다	견
角	뿔	각
言	말씀	언
谷	골짜기	곡
豆	콩	두
豕	돼지	시
豸	발없는벌레	치
貝	조개	패
赤	붉다	적
走	달리다	주
足	발	족
身	몸	신
車	수레	거
辛	맵다	신
辰	별	진
辵·辶	쉬엄쉬엄가다	착
邑·阝	고을	읍
酉	닭	유
釆	분별하다	변
里	마을	리

【8획】

부수	뜻	음
金	쇠	금
長·镸	길다	장
門	문	문
阜·阝	언덕	부
隶	미치다	이
隹	새	추
雨	비	우
靑	푸르다	청
非	아니다	비

【9획】

부수	뜻	음
面	얼굴	면
革	가죽	혁
韋	다룬가죽	위
韭	부추	구
音	소리	음
頁	머리	혈
風	바람	풍
飛	날다	비
食	먹다·밥	식
首	머리	수
香	향기	향

【10획】

부수	뜻	음
馬	말	마
骨	뼈	골
高	높다	고
髟	머리늘어지다	표
鬥	싸우다	투
鬯	술이름	창
鬲	막다	격
鬼	귀신	귀

【11획】

부수	뜻	음
魚	물고기	어
鳥	새	조
鹵	소금밭	로
鹿	사슴	록
麥	보리	맥
麻	삼	마

【12획】

부수	뜻	음
黃	누른빛	황
黍	기장	서
黑	검다	흑
黹	바느질하다	치

【13획】

부수	뜻	음
黽	맹꽁이	맹
鼎	솥	정
鼓	북	고
鼠	쥐	서

【14획】

부수	뜻	음
鼻	코	비
齊	가지런하다	제

【15획】

부수	뜻	음
齒	이·나이	치

【16획】

부수	뜻	음
龍	용	룡
龜	거북	귀

【17획】

부수	뜻	음
龠	피리	약

한자(漢字) 부수(部首)

▸ 부수는 한자를 구성하는 기본 글자로, 모두 214자입니다.

一 八 匸 夂 屮 弋 文 歹 爻 生 矢 网 至 行 赤 里 革 骨 麥 齊
丨 冂 十 夊 山 弓 斗 殳 爿 用 石 羊 臼 衣 走 金 韋 高 麻 齒
丶 冖 卜 夕 巛 彐 斤 毋 片 田 示 羽 舌 襾 足 長 韭 髟 黃 龍
丿 冫 卩 大 工 彡 方 比 牙 疋 禸 老 舛 見 身 門 音 鬥 黍 龜
乙 几 厂 女 己 彳 无 毛 牛 疒 禾 而 舟 角 車 阜 頁 鬯 黑 龠
亅 凵 厶 子 巾 心 日 氏 犬 癶 穴 耒 艮 言 辛 隶 風 鬲 黹
二 刀 又 宀 干 戈 曰 气 玄 白 立 耳 色 谷 辰 隹 飛 鬼 黽
亠 力 口 寸 幺 戶 月 水 玉 皮 竹 聿 艸 豆 辵 雨 食 魚 鼎
人 勹 囗 小 广 手 木 火 瓜 皿 米 肉 虍 豕 邑 靑 首 鳥 鼓
儿 匕 土 尢 廴 支 欠 爪 瓦 目 糸 臣 虫 豸 酉 非 香 鹵 鼠
入 匚 士 尸 廾 攴 止 父 甘 矛 缶 自 血 貝 釆 面 馬 鹿 鼻

(사)한국어문회 주관 | 교육급수 지침서

한자능력 검정시험

7급
7급Ⅱ·8급

부록 · **쓰기연습** 포함

- 본문학습 해답 / 훈음쓰기 / 상대어 해답
- 평가문제 / 기출 · 예상분제 해답
- 7급 배정한자[150자 – 가나다순]
- 쓰기연습

한자능력 검정시험

본문학습 / 훈음쓰기 / 상대어 해답

본문학습 1

一生 : (일생) ▷ (한　　일) (날　　생)

二重 : (이중) ▷ (두　　이) (무거울 중)

八道 : (팔도) ▷ (여덟　팔) (길　　도)

同一 : (동일) ▷ (한가지 동) (한　　일)

二世 : (이세) ▷ (두　　이) (인간　세)

八方 : (팔방) ▷ (여덟　팔) (모　　방)

※ 다음 중 설명이 맞는 것은 ○표 …

(1) ○　　　(2) ○　　　(3) ×

图 (3) 辶[착받침]이 들어간 글자는
'辶'자를 나중에 씁니다.

※ 다음 훈과 음에 알맞은 한자를 …

(1) ③　　　(2) ⑤　　　(3) ②

(4) ④　　　(5) ⑥　　　(6) ①

본문학습 2

十里 : (십리) ▷ (열　　십) (마을　리)

人間 : (인간) ▷ (사람　인) (사이　간)

七夕 : (칠석) ▷ (일곱　칠) (저녁　석)

十字 : (십자) ▷ (열　　십) (글자　자)

老人 : (노인) ▷ (늙을 로/노) (사람　인)

七色 : (칠색) ▷ (일곱　칠) (빛　　색)

※ 다음 중 설명이 맞는 것은 ○표 …

(1) ○　　　(2) ×　　　(3) ×

图 (2) 「字」자의 부수는 「子」이며, '子'
자는 총3획입니다.

※ 다음 훈과 음에 알맞은 한자를 …

(1) ④　　　(2) ②　　　(3) ③

(4) ⑤　　　(5) ⑥　　　(6) ①

본문학습 3

國力 : (국력) ▷ (나라　국) (힘　　력)

出入 : (출입) ▷ (날　　출) (들　　입)

九冬 : (구동) ▷ (아홉　구) (겨울　동)

力道 : (역도) ▷ (힘　력/역) (길　　도)

入學 : (입학) ▷ (들　　입) (배울　학)

九十 : (구십) ▷ (아홉　구) (열　　십)

※ 다음 한자어漢字語의 독음讀音을 쓰세요.

(구족)　　(구시월)　　(토목공사)

(구만리)　　(불효자)　　(십년공부)

본문학습 4

小事 : (소사) ▷ (작을   소) (일   사)
數千 : (수천) ▷ (셈   수) (일천   천)
母女 : (모녀) ▷ (어미   모) (계집   녀)
小便 : (소변) ▷ (작을   소) (똥오줌 변)
千金 : (천금) ▷ (일천   천) (쇠   금)
少女 : (소녀) ▷ (적을   소) (계집   녀)

❀ 다음 중 독음讀音이 바른 것은 ○표 …

八方(팔방) – (○)
七夕(칠석) – (○)
二重(이동) – (×)
人間(인간) – (○)
全力(전역) – (×)
二世(이세) – (○)
出入(산입) – (×)
力道(력도) – (×)
金氏(금씨) – (×)

🔁 • 이동 → 이중 • 전역 → 전력
   • 산입 → 출입 • 력도 → 역도
   • 금씨 → 김씨

❀ 다음 □ 속에 들어갈 알맞은 …

(二), (四), (六), (八), (九)

본문학습 5

山川 : (산천) ▷ (메   산) (내   천)
工場 : (공장) ▷ (장인   공) (마당   장)
寸數 : (촌수) ▷ (마디   촌) (셈   수)
大川 : (대천) ▷ (큰   대) (내   천)
手工 : (수공) ▷ (손   수) (장인   공)
寸紙 : (촌지) ▷ (마디   촌) (종이   지)

❀ 다음 한자漢字의 뜻訓과 소리音를 쓰세요.

(온전   전) (날   출) (인간   세)
(사이   간) (배울   학) (무거울 중)
(한가지동) (빛   색) (날   생)
(길   도) (글자   자) (늙을   로)

❀ 다음 낱말에 알맞은 한자어를 …

(1) ⑤   (2) ⑥   (3) ③
(4) ⑧   (5) ①   (6) ④

본문학습 6

登山 : (등산) ▷ (오를   등) (메   산)
上下 : (상하) ▷ (윗   상) (아래   하)
三寸 : (삼촌) ▷ (석   삼) (마디   촌)

江山 : (강산) ▷ (강　　강) (메　　산)

祖上 : (조상) ▷ (할아비 조) (윗　　상)

三秋 : (삼추) ▷ (석　　삼) (가을　추)

❀ 다음 한자어漢字語의 독음讀音을 쓰세요.

(삼각) (삼중) (공학) (인공)

(공업) (공부) (죽공) (삼천리)

(초가삼간) (목공) (입산)

(상수도) (천상천하) (가업)

圖 草家三間 ▷ '무척 작은 풀로 지
붕을 이은 집'을 이르는 말.
= 三間草家.

❀ 다음 글을 읽고 밑줄 친 한자어漢字語의 …

⑴ 인력거　⑵ 마차　⑶ 자동차

⑷ 자가용　⑸ 시내　⑹ 시외

❀ 다음 훈과 음에 알맞은 한자를 …

⑴ ③　　　⑵ ⑤　　　⑶ ①

⑷ ⑥　　　⑸ ④　　　⑹ ②

본문학습 8

大小 : (대소) ▷ (큰　　대) (작을　소)

下車 : (하차) ▷ (아래　하) (수레　차)

子弟 : (자제) ▷ (아들　자) (아우　제)

重大 : (중대) ▷ (무거울 중) (큰　　대)

下校 : (하교) ▷ (아래　하) (학교　교)

子女 : (자녀) ▷ (아들　자) (계집　녀)

❀ 다음 한자의 뜻과 서로 반대되는 …

上 ↔ (下)　　江 ↔ (山)

左 ↔ (右)　　內 ↔ (外)

手 ↔ (足)　　兄 ↔ (弟)

본문학습 7

農土 : (농토) ▷ (농사　농) (흙　　토)

食口 : (식구) ▷ (먹을　식) (입　　구)

朝夕 : (조석) ▷ (아침　조) (저녁　석)

土地 : (토지) ▷ (흙　　토) (땅[따] 지)

人口 : (인구) ▷ (사람　인) (입　　구)

秋夕 : (추석) ▷ (가을　추) (저녁　석)

본문학습 9

水草 : (수초) ▷ (물 　 수) (풀 　 초)
手記 : (수기) ▷ (손 　 수) (기록할 기)
安心 : (안심) ▷ (편안 　 안) (마음 　 심)
水平 : (수평) ▷ (물 　 수) (평평할 평)
自手 : (자수) ▷ (스스로 자) (손 　 수)
中心 : (중심) ▷ (가운데 중) (마음 　 심)

◈ 다음 중 설명이 맞는 것은 ○표 …
　(1) × 　(2) × 　(3) ○ 　(4) ○ 　(5) ×
📖 (1) '安'자의 부수는 '宀'자입니다.
　(2) '中'자는 「丨」자를 맨 마지막에 씁니다.
　(5) '大'자의 반대자는 '小'자입니다.

◈ 다음 훈과 음에 알맞은 한자를 …
　(1) ③ 　(2) ⑤ 　(3) ①
　(4) ④ 　(5) ⑥ 　(6) ②

본문학습 10

六月 : (유월) ▷ (여섯 륙/유) (달 　 월)
午前 : (오전) ▷ (낮 　 오) (앞 　 전)
文學 : (문학) ▷ (글월 　 문) (배울 　 학)

六寸 : (육촌) ▷ (여섯 륙/육) (마디 　 촌)
正午 : (정오) ▷ (바를 　 정) (낮 　 오)
文字 : (문자) ▷ (글월 　 문) (글자 　 자)

◈ 다음 밑줄 친 낱말에 알맞은 …
　(1) ⑥ 　(2) ⑤ 　(3) ⑦ 　(4) ①
　(5) ⑧ 　(6) ② 　(7) ④ 　(8) ③

◈ 다음 훈과 음에 알맞은 한자를 …
　(1) ④ 　(2) ⑤ 　(3) ⑥
　(4) ① 　(5) ② 　(6) ③

본문학습 11

五方 : (오방) ▷ (다섯 　 오) (모 　 방)
農夫 : (농부) ▷ (농사 　 농) (지아비 부)
王室 : (왕실) ▷ (임금 　 왕) (집 　 실)
五色 : (오색) ▷ (다섯 　 오) (빛 　 색)
人夫 : (인부) ▷ (사람 　 인) (지아비 부)
王國 : (왕국) ▷ (임금 　 왕) (나라 　 국)

◈ 다음 한자어漢字語의 독음讀音을 쓰세요.
　(오뉴월) (북한산) (전차) (만세)
　(역부족) (자동차) (산림) (대부)

본문학습 12

不平 : (불평) ▷ (아닐　불) (평평할　평)

月出 : (월출) ▷ (달　　월) (날　　출)

火山 : (화산) ▷ (불　　화) (메　　산)

不孝 : (불효) ▷ (아닐　불) (효도　효)

日月 : (일월) ▷ (날　　일) (달　　월)

火氣 : (화기) ▷ (불　　화) (기운　기)

✽ 다음 밑줄 친 말의 뜻을 가진 …

(1) (花)　　(2) (外)　　(3) (水)

✽ 다음 낱말에 알맞은 한자어를 …

(1) ⑥　　(2) ⑧　　(3) ⑤

(4) ②　　(5) ⑦　　(6) ④

본문학습 13

休日 : (휴일) ▷ (쉴　　휴) (날　　일)

四方 : (사방) ▷ (넉　　사) (모　　방)

內外 : (내외) ▷ (안　　내) (바깥　외)

來日 : (내일) ▷ (올　래/내) (날　　일)

方道 : (방도) ▷ (모　　방) (길　　도)

室內 : (실내) ▷ (집　　실) (안　　내)

✽ 다음 한자어漢字語의 독음讀音을 쓰세요.

(불안) (부정) (부족) (평민) (정월)

(화구) (화력) (화식) (화차) (화기)

본문학습 14

老少 : (노소) ▷ (늙을 로/노) (적을　소)

空中 : (공중) ▷ (빌　　공) (가운데 중)

父母 : (부모) ▷ (아비　부) (어미　모)

少時 : (소시) ▷ (적을　소) (때　　시)

中間 : (중간) ▷ (가운데 중) (사이　간)

祖父 : (조부) ▷ (할아비 조) (아비　부)

✽ 다음 낱말의 뜻에 해당하는 …

(1) 六日　(4) 祖母　(7) 三日

(2) 外祖父　(5) 外祖母　(8) 七日

(3) 祖父　(6) 四日　(9) 二十九日

✽ 다음 낱말에 알맞은 한자어를 …

(1) ⑧　　(2) ⑤　　(3) ①

(4) ⑦　　(5) ④　　(6) ③

본문학습 15

靑天 : (청천) ▷ (푸를   청) (하늘   천)

木工 : (목공) ▷ (나무   목) (장인   공)

北上 : (북상) ▷ (북녘   북) (윗   상)

天地 : (천지) ▷ (하늘   천) (땅[따]   지)

木花 : (목화) ▷ (나무   목) (꽃   화)

北方 : (북방) ▷ (북녘   북) (모   방)

⚜ 다음 한자어漢字語의 독음讀音을 쓰세요.

(천공) (천명) (천민) (천주) (선천)

(목수) (노목) (내일) (노형) (외면)

(강북) (남북) (북방) (식목) (부자)

(오리) (소장) (소년) (연소) (자녀)

⚜ 다음 낱말에 알맞은 한자어를 …

(1) ⑥   (2) ②   (3) ⑧

(4) ③   (5) ⑤   (6) ①

본문학습 16

海外 : (해외) ▷ (바다   해) (바깥   외)

左右 : (좌우) ▷ (왼   좌) (오른   우)

學兄 : (학형) ▷ (배울   학) (형   형)

外家 : (외가) ▷ (바깥   외) (집   가)

右便 : (우편) ▷ (오른   우) (편할   편)

兄夫 : (형부) ▷ (형   형) (지아비 부)

⚜ 다음 한자가 뜻하는 것을 |보기|에서 …

生(④)   萬(⑩)   內(⑥)

國(⑤)   東(②)   年(⑧)

⚜ 다음 훈과 음에 알맞은 한자를 …

(1) ③   (2) ⑤   (3) ①

(4) ②   (5) ⑥   (6) ④

본문학습 17

母校 : (모교) ▷ (어미   모) (학교   교)

四寸 : (사촌) ▷ (넉   사) (마디   촌)

民間 : (민간) ▷ (백성   민) (사이   간)

老母 : (노모) ▷ (늙을 로/노) (어미   모)

四時 : (사시) ▷ (넉   사) (때   시)

民主 : (민주) ▷ (백성   민) (주인   주)

⚜ 다음 한자에 알맞은 뜻을 아래 |보기| …

自(⑧)   外(⑦)   父(④)

全(⑥)   正(⑤)   育(③)

⚜ 다음 훈과 음에 알맞은 한자를 |보기| …

(1) ③   (2) ⑥   (3) ⑤

(4) ②   (5) ①   (6) ④

본문학습

來世 : (내세) ▷ (올　래/내) (인간　세)
方正 : (방정) ▷ (모　　방) (바를　정)
市場 : (시장) ▷ (저자　시) (마당　장)
出世 : (출세) ▷ (날　　출) (인간　세)
不正 : (부정) ▷ (아닐 불/부) (바를　정)
市民 : (시민) ▷ (저자　시) (백성　민)

※ 다음 한자어漢字語의 독음讀音을 쓰세요.

(정오) (세간) (세교) (세상) (정대)
(세자) (중세) (신세) (세사) (시내)
(시외) (시립) (왕명) (정면) (평정)

본문학습

左便 : (좌편) ▷ (왼　　좌) (편할　편)
白花 : (백화) ▷ (흰　　백) (꽃　　화)
主食 : (주식) ▷ (주인　주) (먹을　식)
左手 : (좌수) ▷ (왼　　좌) (손　　수)
自白 : (자백) ▷ (스스로 자) (흰　　백)
地主 : (지주) ▷ (땅[따]　지) (주인　주)

※ 다음 한자의 뜻과 서로 반대되는 …

(右) (地) (母) (下)
(日) (內) (老) (兄)

본문학습

直立 : (직립) ▷ (곧을　직) (설　　립)
出生 : (출생) ▷ (날　　출) (날　　생)
同生 : (동생) ▷ (한가지 동) (날　　생)
自立 : (자립) ▷ (스스로 자) (설　　립)
出動 : (출동) ▷ (날　　출) (움직일 동)
生活 : (생활) ▷ (날　　생) (살　　활)

※ 다음 한자어漢字語의 독음讀音을 쓰세요.

(출구) (일출) (자생) (산출)
(외출) (입동) (입추) (입하)
(입춘) (중립)

※ 다음 낱말에 알맞은 한자어를 …

(1) ③　　(2) ⑧　　(3) ⑥
(4) ④　　(5) ①　　(6) ②

본문학습 21

平安 : (평안) ▷ (평평할 평) (편안   안)

立冬 : (입동) ▷ (설 립/입) (겨울   동)

有名 : (유명) ▷ (있을   유) (이름   명)

平地 : (평지) ▷ (평평할 평) (땅[따] 지)

冬天 : (동천) ▷ (겨울   동) (하늘   천)

有色 : (유색) ▷ (있을   유) (빛   색)

🌼 **다음 한자漢字의 훈訓과 음音을 쓰세요.**

(들   입) (일곱 칠) (아홉 구)

(계집 녀) (마디 촌) (장인 공)

(저녁 석) (아들 자) (마음 심)

(임금 왕) (손   수) (지아비 부)

(힘   력) (작을 소) (내   천)

🌼 **다음 한자의 뜻에 반대되는 한자를 …**

(1) ②   (2) ⑥   (3) ④

(4) ③   (5) ①   (6) ⑤

본문학습 22

安全 : (안전) ▷ (편안   안) (온전   전)

氣色 : (기색) ▷ (기운   기) (빛   색)

地名 : (지명) ▷ (땅[따] 지) (이름   명)

全力 : (전력) ▷ (온전   전) (힘   력)

色紙 : (색지) ▷ (빛   색) (종이   지)

名物 : (명물) ▷ (이름   명) (물건   물)

🌼 **다음 한자어漢字語의 독음讀音을 쓰세요.**

(전국) (전면) (청색) (간색)

(면색) (백색) (생색) (정색)

(명가) (명목) (명산) (명소)

(명언) (유명) (성명)

본문학습 23

百草 : (백초) ▷ (일백   백) (풀   초)

休校 : (휴교) ▷ (쉴   휴) (학교   교)

江村 : (강촌) ▷ (강   강) (마을   촌)

百萬 : (백만) ▷ (일백   백) (일만   만)

休學 : (휴학) ▷ (쉴   휴) (배울   학)

江海 : (강해) ▷ (강   강) (바다   해)

🌼 **다음 한자어漢字語의 독음讀音을 쓰세요.**

(남촌읍) (유일) (백성) (백리)

(휴지) (휴화산) (강남) (강산)

(장강) (한강)

先祖 : (선조) ▷ (먼저 선) (할아비 조)

同門 : (동문) ▷ (한가지 동) (문   문)

外地 : (외지) ▷ (바깥 외) (땅[따] 지)

先後 : (선후) ▷ (먼저 선) (뒤   후)

同氣 : (동기) ▷ (한가지 동) (기운 기)

❋ 다음은 두 개의 한자가 서로 …

⑴ 答(대답답) = 竹(대 죽) + 合(합할합)

⑵ 秋(가을추) = 禾(벼화) + 火(불 화)

본문학습

活字 : (활자) ▷ (살   활) (글자 자)

年老 : (연로) ▷ (해 년/연) (늙을 로)

每年 : (매년) ▷ (매양 매) (해   년)

正字 : (정자) ▷ (바를 정) (글자 자)

村老 : (촌로) ▷ (마을 촌) (늙을 로)

來年 : (내년) ▷ (올 래/내) (해   년)

❋ 다음 낱말의 뜻에 해당하는 한자를 …

가르치다 … (教)   노래 …… (歌)

시장 ……… (市)   오르다 … (登)

먼저 ……… (先)   기르다 … (育)

마을 ……… (里)   셈하다 … (算)

나오다 …… (出)

❋ 다음 한자가 뜻하는 것을 아래 …

木(⑩)   上(③)   弟(⑨)

門(④)   教(②)   休(⑥)

❋ 다음 한자의 뜻에 반대되는 한자를 …

⑴ ②   ⑵ ⑤   ⑶ ④

⑷ ③   ⑸ ⑥   ⑹ ①

본문학습

西風 : (서풍) ▷ (서녘 서) (바람 풍)

便安 : (편안) ▷ (편할 편) (편안 안)

自生 : (자생) ▷ (스스로 자) (날   생)

西方 : (서방) ▷ (서녘 서) (모   방)

不安 : (불안) ▷ (아닐 불) (편안 안)

自主 : (자주) ▷ (스스로 자) (주인 주)

❋ 다음 한자어漢字語의 독음讀音을 쓰세요.

(서편) (자력) (자백) (자활) (지하)

(동생) (지기) (지동) (지상) (지평)

(선금) (선산) (선수) (동년) (동색)

본문학습

地方 : (지방) ▷ (땅[따] 지) (모   방)

본문학습

車道 : (차도) ▷ (수레   차) (길   도)

洞里 : (동리) ▷ (골   동) (마을   리)

每事 : (매사) ▷ (매양   매) (일   사)

電車 : (전차) ▷ (번개   전) (수레   차)

里長 : (이장) ▷ (마을 리/이) (긴   장)

每日 : (매일) ▷ (매양   매) (날   일)

❀ 다음 한자어漢字語의 독음讀音을 쓰세요.

(자동차)   (지중해)

(국유지)   (인력거)

❀ 다음 중 설명이 맞는 것은 ○표 …

(1) ×   (2) ×

圈 (1) '저자[市]'는 '사람이 많이 모여
     시끌시끌한 곳'을 이르는 말입
     니다.
   (2) '장인[工]'은 '물건을 만드는
     사람'을 이르는 말입니다.

본문학습 28

不足 : (부족) ▷ (아닐 불/부) (발   족)

孝道 : (효도) ▷ (효도   효) (길   도)

邑長 : (읍장) ▷ (고을   읍) (긴   장)

手足 : (수족) ▷ (손   수) (발   족)

孝子 : (효자) ▷ (효도   효) (아들   자)

邑內 : (읍내) ▷ (고을   읍) (안   내)

❀ 다음 한자에 알맞은 뜻을 아래 …

②, ⑫, ⑩, ④, ③, ⑪,
⑥, ①, ⑦, ⑨, ⑤, ⑧

❀ 다음 한자의 뜻에 반대되는 …

(1) ②   (2) ④   (3) ⑥
(4) ⑤   (5) ①   (6) ③

본문학습 29

男女 : (남녀) ▷ (사내   남) (계집   녀)

住所 : (주소) ▷ (살   주) (바   소)

村家 : (촌가) ▷ (마을   촌) (집   가)

長男 : (장남) ▷ (긴   장) (사내   남)

安住 : (안주) ▷ (편안   안) (살   주)

農村 : (농촌) ▷ (농사   농) (마을   촌)

🏵 다음 한자漢字의 뜻訓과 소리音를 쓰세요.

(한수 한) (고을 읍) (백성 민)

(그럴 연) (심을 식) (수풀 림)

(번개 전) (말씀 화)

🏵 다음 낱말에 알맞은 한자를 …

(1) ⑦　　　(2) ⑥　　　(3) ④

(4) ⑤　　　(5) ①　　　(6) ③

不正(불정) – (×)

色紙(색지) – (○)

圖 ・老年(로년) → 노년

　・祖上(시상) → 조상

　・不正(불정) → 부정

🏵 다음 □ 속에 들어갈 알맞은 …

(一)　　　(三)　　　(五)

(七)　　　(八)　　　(十)

본문학습 30

校長 : (교장) ▷ (학교　교) (긴　　장)

來韓 : (내한) ▷ (올 래/내) (나라　한)

青春 : (청춘) ▷ (푸를　청) (봄　　춘)

市長 : (시장) ▷ (저자　시) (긴　　장)

外來 : (외래) ▷ (바깥　외) (올　　래)

青山 : (청산) ▷ (푸를　청) (메　　산)

🏵 다음 중 독음讀音이 바른 것은 ○표 …

植物(식물) – (○)

老年(로년) – (×)

時間(시간) – (○)

不安(불안) – (○)

祖上(시상) – (×)

國旗(국기) – (○)

본문학습 31

直面 : (직면) ▷ (곧을　직) (낯　　면)

空氣 : (공기) ▷ (빌　　공) (기운　기)

名門 : (명문) ▷ (이름　명) (문　　문)

正直 : (정직) ▷ (바를　정) (곧을　직)

空白 : (공백) ▷ (빌　　공) (흰　　백)

後門 : (후문) ▷ (뒤　　후) (문　　문)

🏵 다음 한자어漢字語의 독음讀音을 쓰세요.

(공군) (촌장) (동문) (직언) (내세)

(정문) (일직) (읍장) (장남) (강촌)

(면장) (청색) (내일) (불효) (청군)

🏵 다음 낱말의 뜻에 해당하는 …

(1) ⑤　　　(2) ③　　　(3) ⑥

(4) ①　　　(5) ④　　　(6) ②

본문학습 32

天命 : (천명) ▷ (하늘   천) (목숨   명)

百姓 : (백성) ▷ (일백   백) (성   성)

所有 : (소유) ▷ (바   소) (있을   유)

生命 : (생명) ▷ (날   생) (목숨   명)

姓名 : (성명) ▷ (성   성) (이름   명)

場所 : (장소) ▷ (마당   장) (바   소)

◈ 다음 밑줄 친 낱말에 알맞은 …

(1) 世上   (2) 動物   (3) 江
(4) 水道   (5) 自然

◈ 다음 낱말에 알맞은 한자어를 …

(1) ④   (2) ⑤   (3) ⑥
(4) ②   (5) ①   (6) ③

본문학습 33

東海 : (동해) ▷ (동녘   동) (바다   해)

花林 : (화림) ▷ (꽃   화) (수풀   림)

花草 : (화초) ▷ (꽃   화) (풀   초)

東方 : (동방) ▷ (동녘   동) (모   방)

林立 : (임립) ▷ (수풀 림/임) (설   립)

百花 : (백화) ▷ (일백   백) (꽃   화)

◈ 다음 한자의 뜻과 서로 반대되는 …

(前)↔後 (問)↔答 (敎)↔學
(日)↔月 (出)↔入 (東)↔西

◈ 다음 낱말에 알맞은 한자어를 …

(1) ⑥   (2) ④   (3) ①
(4) ③   (5) ②   (6) ⑤

본문학습 34

敎育 : (교육) ▷ (가르칠 교) (기를   육)

動物 : (동물) ▷ (움직일 동) (물건   물)

農事 : (농사) ▷ (농사   농) (일   사)

生育 : (생육) ▷ (날   생) (기를   육)

物心 : (물심) ▷ (물건   물) (마음   심)

食事 : (식사) ▷ (먹을   식) (일   사)

◈ 다음 중 설명이 맞는 것은 ○표 …

(1) ×   (2) ○   (3) ○   (4) ×   (5) ×

图 (1) '育'자의 총획수는 '8획'입니다.
　(4) '力'자는 'ノ(삐침)'을 나중에 씁니다.
　(5) '낯'은 '얼굴'을 뜻하고, '밤'의
　　　반대는 '낮'이라고 씁니다.

본문학습

金色 : (금색) ▷ (쇠   금) (빛   색)

不便 : (불편) ▷ (아닐   불) (편할   편)

平面 : (평면) ▷ (평평할 평) (낯   면)

萬金 : (만금) ▷ (일만   만) (쇠   금)

便紙 : (편지) ▷ (편할   편) (종이   지)

外面 : (외면) ▷ (바깥   외) (낯   면)

❋ 다음 한자어漢字語의 독음讀音을 쓰세요.

(산촌) (효녀) (전면) (청년)

(대문) (문외한) (문하생) (청소년)

❋ 다음 □ 속에 들어갈 알맞은 …

(十)   (二十)   (二十五)

(三十五)   (四十)   (五十)

본문학습

敎室 : (교실) ▷ (가르칠 교) (집   실)

洞長 : (동장) ▷ (골   동) (긴   장)

春秋 : (춘추) ▷ (봄   춘) (가을   추)

入室 : (입실) ▷ (들   입) (집   실)

洞內 : (동내) ▷ (골   동) (안   내)

立春 : (입춘) ▷ (설 립/입) (봄   춘)

❋ 다음 한자어漢字語의 독음讀音을 쓰세요.

(십분) (팔자) (팔면) (산천초목)

(일명) (사방) (일인) (이팔청춘)

본문학습

自重 : (자중) ▷ (스스로 자) (무거울 중)

國軍 : (국군) ▷ (나라   국) (군사   군)

間食 : (간식) ▷ (사이   간) (먹을   식)

重力 : (중력) ▷ (무거울 중) (힘   력)

軍民 : (군민) ▷ (군사   군) (백성   민)

火食 : (화식) ▷ (불   화) (먹을   식)

❋ 다음 한자어漢字語의 독음讀音을 쓰세요.

(식사) (군기) (주소) (생활)

(식전) (실내) (동리) (인명)

(중대) (활력)

❋ 다음은 두 개의 한자가 서로 결합되어 …

(1) 海(바다 해)= 水(물 수) + 每(매양 매)

(2) 休(쉴 휴)= 人(사람 인) + 木(나무 목)

본문학습 38

千秋 : (천추) ▷ (일천   천) (가을   추)

活動 : (활동) ▷ (살   활) (움직일 동)

面前 : (면전) ▷ (낯   면) (앞   전)

秋天 : (추천) ▷ (가을   추) (하늘   천)

自活 : (자활) ▷ (스스로 자) (살   활)

前方 : (전방) ▷ (앞   전) (모   방)

❋ 다음 중 설명이 맞는 것은 ○표 …

(1) (×)   (2) (○)   (3) (×)

(4) (×)   (5) (○)

圖 (1) '全'자는 '入(들 입)'자와 '王(임금 왕)'

　　 자가 결합된 글자입니다.

(3) '학교'는 '校'자로 써야 합니다.

(4) '변소'라고 읽습니다.

❋ 다음 낱말에 알맞은 한자어를 …

(1) ③   (2) ⑤   (3) ②

(4) ①   (5) ⑥   (6) ④

본문학습 39

後天 : (후천) ▷ (뒤   후) (하늘   천)

南海 : (남해) ▷ (남녘   남) (바다   해)

草食 : (초식) ▷ (풀   초) (먹을   식)

後食 : (후식) ▷ (뒤   후) (먹을   식)

南村 : (남촌) ▷ (남녘   남) (마을   촌)

草家 : (초가) ▷ (풀   초) (집   가)

❋ 다음 한자에 알맞은 뜻을 아래 …

外(⑨) 市(①) 話(⑫) 植(②)

民(⑪) 空(⑥) 登(④) 算(⑧)

直(⑦) 長(⑤) 來(⑩) 生(③)

❋ 다음 훈과 음에 알맞은 한자를 …

(1) ④   (2) ③   (3) ⑥

(4) ②   (5) ⑤   (6) ①

본문학습 40

家門 : (가문) ▷ (집   가) (문   문)

活氣 : (활기) ▷ (살   활) (기운   기)

立夏 : (입하) ▷ (설 립/입) (여름   하)

民家 : (민가) ▷ (백성   민) (집   가)

氣力 : (기력) ▷ (기운   기) (힘   력)

夏冬 : (하동) ▷ (여름   하) (겨울   동)

다음은 두 개의 한자가 서로 결합되어 …

(1) 住(살 주) = 人(사람 인) + 主(주인 주)

(2) 間(사이 간) = 門(문 문) + 日(날 일)

(3) 姓(성 성) = 女(계집 녀) + 生(날 생)

(4) 百(일백 백) = 一(한 일) + 白(흰 백)

(5) 植(심을 식) = 木(나무 목) + 直(곧을 직)

(6) 全(온전 전) = 入(들 입) + 王(임금 왕)

본문학습 41

時間 : (시간) ▷ (때   시) (사이   간)

記事 : (기사) ▷ (기록할 기) (일   사)

紙面 : (지면) ▷ (종이   지) (낯   면)

校時 : (교시) ▷ (학교   교) (때   시)

日記 : (일기) ▷ (날   일) (기록할 기)

休紙 : (휴지) ▷ (쉴   휴) (종이   지)

다음 한자어漢字語의 독음讀音을 쓰세요.

(내년) (촌로) (직립) (백지) (매시)

(편지) (모녀) (지물) (주민) (직전)

(금색) (입실) (입춘) (중력) (천추)

(동내)

다음 한자어에 알맞은 독음을 …

(1) ③   (2) ⑥   (3) ①

(4) ④   (5) ⑦   (6) ⑤

본문학습 42

海上 : (해상) ▷ (바다   해) (윗   상)

學校 : (학교) ▷ (배울   학) (학교   교)

祖上 : (조상) ▷ (할아비 조) (윗   상)

海物 : (해물) ▷ (바다   해) (물건   물)

校歌 : (교가) ▷ (학교   교) (노래   가)

外祖 : (외조) ▷ (바깥   외) (할아비 조)

다음 한자어漢字語의 뜻을 쓰세요.

(1) 자신의 출신 학교. 자기가 졸업한 학교.

(2) 할아버지

(3) 동해(**東海**), 서해(**西海**), 남해(**南海**), 북해(**北海**).

(4) '동쪽을 묻는데 서쪽을 대답한다.'는 뜻으로, 묻는 말에 대하여 엉뚱한 대답을 함.

본문학습 43

問安 : (문안) ▷ (물을   문) (편안   안)

自動 : (자동) ▷ (스스로 자) (움직일 동)

兄弟 : (형제) ▷ (형   형) (아우   제)

學問 : (학문) ▷ (배울   학) (물을   문)

不動 : (부동) ▷ (아닐 불/부) (움직일 동)

弟子 : (제자) ▷ (아우 제) (아들 자)

❀ 다음 한자어漢字語의 독음讀音을 쓰세요.

(활동) (외가) (동구) (초색) (출가)

(기분) (해리) (농가) (가내) (하문)

(국유림) (식민지) (외래어) (만국기)

본문학습 44

教學 : (교학) ▷ (가르칠 교) (배울 학)

國花 : (국화) ▷ (나라 국) (꽃 화)

世間 : (세간) ▷ (인간 세) (사이 간)

文教 : (문교) ▷ (글월 문) (가르칠 교)

國手 : (국수) ▷ (나라 국) (손 수)

空間 : (공간) ▷ (빌 공) (사이 간)

❀ 다음 밑줄 친 낱말의 뜻을 가진 …

1 母   2 道   3 青

4 畫   5 村

❀ 다음 한자의 뜻에 반대되는 …

(1) ②   (2) ①   (3) ⑤

(4) ⑥   (5) ③   (6) ④

본문학습 45

場面 : (장면) ▷ (마당 장) (낯 면)

登場 : (등장) ▷ (오를 등) (마당 장)

自然 : (자연) ▷ (스스로 자) (그럴 연)

立場 : (입장) ▷ (설 립/입) (마당 장)

登校 : (등교) ▷ (오를 등) (학교 교)

天然 : (천연) ▷ (하늘 천) (그럴 연)

❀ 다음 한자어漢字語의 독음讀音을 쓰세요.

(시장) (장소) (등기) (공장) (간식)

(간지) (연간) (국어) (전국) (전차)

❀ 다음 낱말이 가리키는 달은 …

(1) (一月) (2) (十一月) (3) (十二月)

본문학습 46

植木 : (식목) ▷ (심을 식) (나무 목)

問答 : (문답) ▷ (물을 문) (대답 답)

手話 : (수화) ▷ (손 수) (말씀 화)

動植 : (동식) ▷ (움직일 동) (심을 식)

正答 : (정답) ▷ (바를 정) (대답 답)

電話 : (전화) ▷ (번개 전) (말씀 화)

※ 다음 글을 읽고, 밑줄 친 곳에 …

1 登山　　5 來日

2 國旗　　6 休紙

3 便紙　　7 花草

4 所重　　8 時間

※ 다음 빈칸에 들어갈 알맞은 …

(1) ④　　(2) ⑧　　(3) ①

(4) ②　　(5) ③　　(6) ⑤

※ 다음 한자에 알맞은 훈訓과 음音을 …

空(빌 공) 前(앞 전) 男(사내 남)

午(낮 오) 活(살 활)

※ 다음 빈칸에 들어갈 알맞은 한자를 …

(1) ②　　(2) ⑥　　(3) ④

(4) ⑦　　(5) ⑤　　(6) ③

본문학습 **48**

萬物 : (만물)▷(일만　만)(물건　물)

算出 : (산출)▷(셈　산)(날　출)

語學 : (어학)▷(말씀　어)(배울　학)

萬年 : (만년)▷(일만　만)(해　년)

算數 : (산수)▷(셈　산)(셈　수)

國語 : (국어)▷(나라　국)(말씀　어)

※ 다음 낱말과 뜻이 같은 한자어를 …

(1) 正答　　(2) 每年　　(3) 每日

※ 다음 (　　) 속에 공통으로 들어갈 …

(1) 歌　(2) 弟　(3) 生　(4) 場

본문학습 **47**

農地 : (농지)▷(농사　농)(땅[따]　지)

電力 : (전력)▷(번개　전)(힘　력)

水道 : (수도)▷(물　수)(길　도)

農場 : (농장)▷(농사　농)(마당　장)

電氣 : (전기)▷(번개　전)(기운　기)

正道 : (정도)▷(바를　정)(길　도)

※ 다음 한자어漢字語의 독음讀音을 쓰세요.

(입주)　(해동)　(명수)　(추색)

(수만)　(차도)　(도장)　(도민)

(식도)　(숫자/수자)

본문학습 49

下旗 : (하기) ▷ (아래　하) (기　　기)

漢江 : (한강) ▷ (한수　한) (강　　강)

數學 : (수학) ▷ (셈　　수) (배울　학)

國旗 : (국기) ▷ (나라　국) (기　　기)

漢文 : (한문) ▷ (한수　한) (글월　문)

數年 : (수년) ▷ (셈　　수) (해　　년)

❀ 다음 중 설명이 맞는 것은 O표 …

(1) ✕　　　(2) O　　　(3) O　　　(4) O

圈 (1) '出'자는 초목이 점점 자라는
　　　모습을 본뜬 글자입니다.

❀ 다음 빈칸에 들어갈 알맞은 한자를 …

(1) ⑧　　　(2) ⑥　　　(3) ⑤

(4) ③　　　(5) ①　　　(6) ④

본문학습 50

歌手 : (가수) ▷ (노래　가) (손　　수)

國學 : (국학) ▷ (나라　국) (배울　학)

韓國 : (한국) ▷ (나라　한) (나라　국)

軍歌 : (군가) ▷ (군사　군) (노래　가)

學生 : (학생) ▷ (배울　학) (날　　생)

北韓 : (북한) ▷ (북녘　북) (나라　한)

❀ 다음 한자어漢字語의 뜻을 쓰세요.

(1) 학교에 들어감.

(2) 곧바로 섬.

(3) 나이가 많음.

(4) 먹는데 사용하는 물. 먹는 물.

훈음쓰기 · 한자쓰기 ⓓⓞ정답

131쪽

문1 왕자	문2 형제
문3 불평	문4 정면

132쪽

문1 수족	문2 노소
문3 동서	문4 남녀

133쪽

문1 전후	문2 좌우
문3 산천	문4 선후

134쪽

문1 자신	문2 효도
문3 강촌	문4 휴지

135쪽

문1 문답	문2 임지
문3 편안	문4 소중

136쪽

문1 전화	문2 자연
문3 식물	문4 외가

137쪽

문1 교학	문2 선후
문3 문답	문4 좌우

138쪽

문1 연로	문2 내한
문3 부족	문4 자동

139쪽

문1 男女	문2 內外
문3 上下	문4 左右
문5 東西	문6 大小
문7 手足	문8 出入
문9 老少	

140쪽

문1 自(白)	문2 不(足)
문3 (水)平	문4 手(工)

한자능력
검정시험

평가문제 / 기출 · 예상문제 해답

8급 평가문제 해답 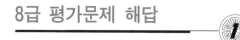 **1** ~ **2**

1. 二 2. 三 3. 17쪽 참조 4. 18쪽 참조 5. 18쪽 참조 6. 18쪽 참조 7. 六 8. 九 9. 五 10. 六

8급 평가문제 해답 **3** ~ **4**

1. 흙 토 2. 달 월 3. 19쪽 참조 4. 20쪽 참조 5. 19쪽 참조 6. 금 7. 생일 8. 서 9. 東 10. 남

8급 평가문제 해답 **5** ~ **6**

1. 부모 2. 대소 3. 22쪽 참조 4. 22쪽 참조 5. 22쪽 참조 6. 청, 백 7. 母 8. 외국 9. 四 10. 二

8급 평가문제 해답 **7** ~ **8**

1. 만년 2. 교실 3. 24쪽 참조 4. 24쪽 참조 5. 24쪽 참조 6. 中 7. 학년 8. 교장 9. 四 10. 六

8급 평가문제 해답 **9** ~ **10**

1. 대한 2. 국군 3. 25쪽 참조 4. 25쪽 참조 5. 靑 6. 人 7. 선생 8. 형, 제 9. 7획 10. 17획

7Ⅱ·7급 평가문제 해답 — ① ~ ⑤

1.촌수 2.역도 3.노인 4.소변 5.십리 6.팔방 7.공장 8.모녀 9.날 생 10.빛 색 11.내 천 12.글자 자 13.저녁 석 14.아홉 구 15.들 입 16.무거울 중 17.世 18.冬 19.間 20.國 21.事 22.手 23.入 24.小 25.나라의 힘 26.학교에 들어감 27.同 28.金 29.七 30.手

7Ⅱ·7급 평가문제 해답 — ⑥ ~ ⑩

1.수평 2.강산 3.하차 4.안심 5.유월 6.정오 7.추석 8.자제 9.할아비 조 10.스스로 자 11.먹을 식, 밥 식 12.가운데 중 13.손 수 14.앞 전 15.흙 토 16.기록할 기 17.寸 18.學 19.地 20.草 21.心 22.文 23.下 24.小 25.산에 오르다 26.아들과 딸 27.食口 28.下校 29.두(2) 30.여섯(6)

7Ⅱ·7급 평가문제 해답 — ⑪ ~ ⑮

1.내일 2.공중 3.불효 4.목공 5.오색 6.천지 7.북상 8.화산 9.농사 농 10.나라 국 11.집 실 12.지아비 부 13.평평할 평 14.임금 왕 15.날 출 16.모 방 17.氣 18.道 19.時 20.工 21.母 22.花 23.少 24.內 25.할아버지 26.푸른 하늘 27.日 28.方 29.月 30.間

7Ⅱ·7급 평가문제 해답 — ⑯ ~ ⑳

1.민간 2.노모 3.부정 4.자백 5.직립 6.우편 7.해외 8.내세 9.한가지 동 10.배울 학 11.저자 시 12.흰 백 13.먹을 식, 밥 식 14.마디 촌 15.형 형 16.살 활 17.花 18.生 19.立 20.場 21.主 22.夫 23.右 24.出 25.사계절. 봄, 여름, 가을, 겨울 26.왼손 27.外家 28.出動 29.첫(1) 30.네(4)

7Ⅱ · 7급 평가문제 해답  **21** ~ **25**

1.전력 2.안전 3.입동 4.내년 5.휴교 6.명물 7.연로 8.동기 9.평평할 평 10.일만 만 11.할아비 조 12.배울 학 13.살 활 14.바다 해 15.일백 백 16.있을 유 17.地 18.村 19.老 20.江 21.草 22.門 23.後 24.天 25.지역 이름 26.해마다 27.正字 28.色紙 29.休 30.有

7Ⅱ · 7급 평가문제 해답  **26** ~ **30**

1.이장 2.외래 3.농촌 4.읍내 5.편안 6.내한 7.부족 8.차도 9.매양 매 10.번개 전 11.효도 효 12.서녘 서 13.푸를 청 14.집 가 15.날 일 16.일 사 17.自 18.春 19.洞 20.市 21.子 22.山 23.足 24.男 25.맏아들 26.외국 손님이 한국에 옴 27.住 28.長 29.일곱(7) 30.여덟(8)

7Ⅱ · 7급 평가문제 해답  **31** ~ **35**

1.성명 2.임립 3.교육 4.불편 5.동해 6.동물 7.화림 8.금색 9.종이 지 10.목숨 명 11.일 사 12.마당 장 13.낯 면 14.빌 공 15.풀 초 16.모 방 17.農 18.百 19.萬 20.後 21.目 22.外 23.後 24.東 25.음식[밥]을 먹음 26.가지고 있음 27.姓 28.正 29.方 30.食

7Ⅱ · 7급 평가문제 해답  **36** ~ **40**

1.후식 2.국군 3.자활 4.초가 5.천추 6.중력 7.입하 8.면전 9.가르칠 교 10.하늘 천 11.모 방 12.골 동 13.마을 촌 14.사이 간 15.문 문 16.기운 기 17.春 18.冬 19.長 20.內 21.動 22.火 23.南 24.後 25.방에 들어감 26.남쪽 바다 27.民家 28.草食 29.여섯(6) 30.일곱(7)

7Ⅱ·7급 평가문제 해답 41 ~ 45

1.기사 2.공간 3.외조 4.부동 5.문안 6.입장 7.천연 8.국수 9.인간 세 10.바다 해 11.글월 문 12.물건 물 13.아들 자 14.윗 상 15.배울 학 16.쉴 휴 17.問 18.歌 19.時 20.面 21.紙 22.自 23.弟 24.上 25.학교에 감[오름] 26.나라의 꽃 27.등 28.問 29.手 30.日

7Ⅱ·7급 평가문제 해답 46 ~ 50

1.수년 2.산출 3.북한 4.하기 5.가수 6.전화 7.군가 8.정도 9.나라 국 10.강 강 11.한수 한 12.움직일 동 13.말씀 어 14.해 년 15.일만 만 16.힘 력 17.國 18.物 19.文 20.電 21.植 22.正 23.答 24.火 25.손으로 말함 26.기를 내림 27.韓國 28.電氣 29.세(3) 30.세(3)

공부하는 것은 늘 위에서 아래를 내려다보는 것과 같은거야!

높이 나니 더 멀리 볼 수 있네!

(167쪽)
8급 기출·예상문제 해답 ── 제 **1** 회

01. 시월 02. 왕 03. 국민 04. 남 05. 북 06. 한 07. 외 08. 촌 09. 군 10. 사 11. 대문 12. 김 13. 토 14. 일 15. 생 16. 계집 녀 17. 동녘 동 18. 흰 백 19. 작을 소 20. 먼저 선 21. 해 년 22. 여섯 륙 23. 여덟 팔 24. 불 화 25. 배울 학 26. ⑩ 27. ⑨ 28. ① 29. ⑦ 30. ② 31. ④ 32. ⑤ 33. ③ 34. ⑥ 35. ⑧ 36. ① 37. ⑥ 38. ② 39. ④ 40. ⑤ 41. ⑤ 42. ③ 43. ① 44. ③ 45. ⑤ 46. ⑧ 47. ① 48. ④ 49. ② 50. ①

01. 十月(시월)

▷ (열 십)(달 월)

✿ '十'자의 본음은 '십'이나 '月'자 앞에서 단독으로 쓰일 때에는 '시'로 읽습니다.

12. '金'자는 쓰임에 따라 뜻과 소리가 달라지는 글자입니다. 뜻이 '성'으로 쓰일 때에는 '김'으로 읽고, 뜻이 '쇠'로 쓰일 때에는 '금'으로 읽습니다.

38. '산소(山所)'는 '뫼[사람의 무덤]가 있는 곳'을 뜻하는 말입니다.

41. '오곡밥(五穀밥)'은 '찹쌀에 기장, 찰수수, 검정콩, 붉은팥의 다섯 가지 곡식을 섞어 지은 밥'으로, 대개 음력 정월 보름에 지어 먹는 풍습이 있습니다.

(170쪽)
8급 기출·예상문제 해답 ── 제 **2** 회

01. 시 02. 구 03. 대왕 04. 사촌 05. 외가 06. 토 07. 국군 08. 군인 09. 동 10. 서 11. 남 12. 북 13. 월 14. 금 15. 학교 16. 여섯 륙 17. 나라 한 18. 일만 만 19. 해 년 20. 긴 장 21. 먼저 선 22. 날 생 23. 흰 백 24. 푸를 청 25. 일천 천 26. ⑦ 27. ③ 28. ① 29. ④ 30. ⑥ 31. ⑤ 32. ② 33. ⑨ 34. ⑩ 35. ⑧ 36. ④ 37. ① 38. ③ 39. ② 40. ⑤ 41. ④ 42. ① 43. ② 44. ⑤ 45. ④ 46. ⑧ 47. ⑦ 48. ② 49. ② 50. ④

01. '十'자는 '月'자 앞에서 '시'로 읽고 적습니다.

14. '金'자는 쓰임에 따라 뜻과 소리가 달라지는 글자입니다.

🅟 金(쇠 금, 성 김)

41. '長'자는 쓰임에 따라 뜻이 달라지는 글자로, 대표 뜻 '길다' 이외에 '길이, 오래다, 우두머리, 어른, 장점' 등의 뜻으로 쓰입니다.

50. '中'자의 'ㅣ'획은 꿰뚫고 지나는 획이므로 맨 나중에 씁니다.

11. '六月'의 '六'자는 본음이 '육'이나 '月'자 앞에서는 '유'로 읽고 적습니다.

15. '南北'은 서로 뜻이 상대되는 한자로 결합된 상대어입니다.

17. '萬金'에서 '萬'자는 '많다, 모든'을 뜻합니다.

18. '大家'에서 '家'자는 '그것에 능한 사람'을 뜻합니다.

(173쪽)

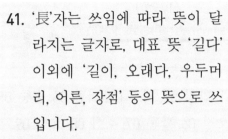

7Ⅱ 기출 · 예상문제 해답 ─── 제 1 회

01. 상공 02. 활동 03. 국립 04. 모녀 05. 화산 06. 전화 07. 선생 08. 자력 09. 교내 10. 수중 11. 유월 12. 성명 13. 오후 14. 정답 15. 남북 16. 농토 17. 만금 18. 대가 19. 청년 20. 평시 21. 매사 22. 시장 23. 왼 좌 24. 강 강 25. 동녘 동 26. 아우 제 27. 나무 목 28. 아홉 구 29. 바다 해 30. 기운 기 31. 서녘 서 32. 형 형 33. 집 실 34. 곧을 직 35. 발 족 36. 작을 소 37. 아래 하 38. 장인 공 39. 수레 거/차 40. 군사 군 41. 임금 왕 42. 아비 부 43. ② 44. ④ 45. ⑤ 46. ⑧ 47. ② 48. ⑥ 49. ④ 50. ⑦ 51. ⑩ 52. ⑨ 53. ① 54. ③ 55. ④ 56. ① 57. 문 앞 58. 모든 힘 59. ⑦ 60. ⑥

(176쪽)

7Ⅱ 기출 · 예상문제 해답 ─── 제 2 회

01. 안전 02. 수공 03. 연금 04. 삼촌 05. 정직 06. 만사 07. 생활 08. 동물 09. 수문 10. 사방 11. 교장 12. 대소 13. 후학 14. 모자 15. 부족 16. 차도 17. 시중 18. 자백 19. 시공 20. 남녀 21. 국민 22. 화기 23. 힘 력 24. 마당 장 25. 낮 오 26. 달 월 27. 사이 간 28. 농사 농 29. 흙 토 30. 설 립 31. 먼저 선 32. 강 강 33. 남녘 남 34. 푸를 청 35. 여덟 팔 36. 가르칠 교 37. 매양 매 38. 오른 우 39. 평

 29

평할 평 40. 안 내 41. 이름 명 42. 다섯 오 43. ③ 44. ② 45. ⑩ 46. ⑥ 47. ③ 48. ④ 49. ① 50. ⑦ 51. ② 52. ⑧ 53. ⑤ 54. ⑨ 55. ③ 56. ② 57. 먹을(는) 물 58. 집 안 일 59. ⑤ 60. ⑦

03. '年金'의 '年'자는 본음이 '년'이나 여기에서는 두음법칙에 의해 '연'으로 읽고 적습니다.

06. '萬事'에서 '萬'자는 '온갖, 모든'을 뜻합니다.

10. '四方'에서 '方'자는 '방향'을 뜻합니다.

12. '大小'는 서로 뜻이 상대되는 한자로 결합된 상대어입니다.

15. '不足'의 '不'자는 본음이 '불'이나 'ㄷ'이나 'ㅈ'으로 시작되는 말의 앞에서는 '부'라고 읽고 적습니다.

18. '自白'에서 '白'자는 '고하다, 아뢰다'를 뜻합니다.

20. '男女'는 서로 뜻이 상대되는 한자로 결합된 상대어입니다.

(179쪽)
7급 기출 · 예상문제 해답 제 **1** 회

01. 만리 02. 지면 03. 서편 04. 공중 05. 오전 06. 활동 07. 추석 08. 효도 09. 전력 10. 시민 11. 생명 12. 주식 13. 문물 14. 가문 15. 교실 16. 일기 17. 청색 18. 여자 19. 장남 20. 주소 21. 하차 22. 국기 23. 가수 24. 공장 25. 강남 26. 해외 27. 입춘 28. 내세 29. 불안 30. 자연 31. 형부 32. 전화 33. 기를 육 34. 아우 제 35. 입 구 36. 뒤 후 37. 이름 명 38. 해 년 39. 있을 유 40. 동녘 동 41. 셈 산 42. 일백 백 43. 한가지 동 44. 심을 식 45. 발 족 46. 나무 목 47. 흙 토 48. 마을 촌 49. 평평할 평 50. 내 천 51. 마음 심 52. 마음이 바르고 곧음 53. 학교에 감 54. ⑤ 55. ④ 56. ⑦ 57. ⑧ 58. ⑨ 59. ⑩ 60. ② 61. ③ 62. ⑤ 63. ⑥ 64. ③ 65. ① 66. ② 67. ③ 68. ④ 69. ④ 70. ①

01. '萬里'의 '里'자는 대표 훈이 '마을'이나 여기에서는 '거리의 단위'를 뜻합니다.

03. '西便'의 '便'자는 대표 훈이 '편하다'이나 여기에서는 '쪽이나 방향'을 뜻합니다.

18. '女子'의 '女'자는 본음이 '녀'이나 여기에서는 두음법칙에 의해 '여'로 읽고 적습니다.
참 27. 立春 28. 來世
52. '正直'은 서로 뜻이 비슷한 한자로 결합된 유의어입니다.
68. '水火'는 서로 뜻이 상대되는 한자로 결합된 반대어입니다.

(182쪽)

7급 기출·예상문제 해답 제 2 회

01. 왕가 02. 삼한 03. 중력 04. 농심 05. 교가 06. 천만 07. 백지 08. 식사 09. 교육 10. 시립 11. 장소 12. 주민 13. 유명 14. 청군 15. 산출 16. 일기 17. 자동 18. 식물 19. 소변 20. 동수 21. 평안 22. 읍촌 23. 초목 24. 전문 25. 동리 26. 시월 27. 전화 28. 선인 29. 효녀 30. 입학 31. 정직 32. 중간 33. 강 강 34. 해 년 35. 수풀 림 36. 동녘 동 37. 쇠 금, 성 김 38. 여름 하 39. 빛 색 40. 인간 세 41. 발 족 42. 빌 공 43. 땅 지, 따 지 44. 낮 면 45. 겨울 동 46. 뒤 후 47. 내 천 48. 마디 촌 49. 흙 토 50. 올 래 51. 그럴 연 52. 언니의 남편 53. 산에서 내려옴, 또는 내려

감 54. ⑦ 55. ③ 56. ⑨ 57. ⑤ 58. ① 59. ⑧ 60. ⑥ 61. ④ 62. ⑧ 63. ④ 64. ④ 65. ① 66. ③ 67. ② 68. ④ 69. ④ 70. ①

02. '三韓'은 '삼국 시대 이전에, 우리나라 중남부에 있었던 세 나라, 즉 마한, 진한, 변한'을 이르는 말입니다.
06. '千萬多幸(천만다행)'은 '아주 다행함'을 뜻합니다.
19. '小便'의 '便'자는 뜻에 따라 '편' 또는 '변'으로 읽고 적습니다.
26. '十月'의 '十'자는 본음이 '십'이나 '月'자와 '方'자 앞에서는 '시'로 읽고 적습니다.
66. '後'자의 뜻에 상대되는 글자는 '先'자 이외에 '前'자로도 쓸 수 있습니다.

(185쪽)

7급 기출·예상문제 해답 제 3 회

01. 강촌 02. 연로 03. 입동 04. 남북 05. 모국 06. 주민 07. 생육 08. 군기 09. 직전 10. 수천 11. 소읍 12. 십리 13. 유월 14. 석식 15. 차주 16. 문물 17. 만사 18.

상공 19. 실장 20. 동시 21. 사방 22. 변소 23. 자연 24. 후세 25. 정오 26. 소녀 27. 공장 28. 부족 29. 학내 30. 좌우 31. 역도 32. 농가 33. 지아비 부 34. 번개 전 35. 낮 면 36. 내 천 37. 가운데 중 38. 사내 남 39. 있을 유 40. 심을 식 41. 움직일 동 42. 목숨 명 43. 무거울 중 44. 사이 간 45. 말씀 화 46. 종이 지 47. 먼저 선 48. 셈 산 49. 가르칠 교 50. 기록할 기 51. 이름 명 52. 바닷물 53. 날씨 54. ⑤ 55. ⑧ 56. ⑩ 57. ⑨ 58. ② 59. ⑦ 60. ⑥ 61. ④ 62. ⑥ 63. ⑥ 64. ④ 65. ① 66. ② 67. ③ 68. ① 69. ② 70. ③

02. '年老'의 '年'자는 본음이 '년'이나 여기에서는 두음법칙에 의해 '연'으로 읽고 적습니다.
참 03. 立冬

04. '南北'은 서로 뜻이 상대되는 한자로 결합된 반대어입니다.
참 30. 左右

13. '六月'의 '六'자는 본음이 '륙'이나 '月'자 앞에서는 '유' 또는 '뉴'로 읽고 적습니다.
참 五六月(오뉴월)

15. '車主'의 '車'자는 쓰임에 따라 '거' 또는 '차'로 읽고 적습니다.

28. '不足'의 '不'자는 'ㄷ'이나 'ㅈ'으로 시작하는 말 앞에서는 '부'라고 읽고 적습니다.

한자능력검정시험

배정한자 (가나다순)

(8급 ~ 7급 : 150자)

혼동하기 쉬운 한자

♣ 모양이 비슷하여 혼동하기 쉬운 한자입니다. 서로 비교하여 다른 점을 찾아보세요.

金 (쇠 금) ≠ 全 (온전 전)	洞 (골 동) ≠ 同 (한가지 동)
母 (어미 모) ≠ 每 (매양 매)	心 (마음 심) ≠ 必 (반드시 필)
父 (아비 부) ≠ 交 (사귈 교)	重 (무거울 중) ≠ 童 (아이 동)
四 (넉 사) ≠ 西 (서녘 서)	力 (힘 력) ≠ 刀 (칼 도)
民 (백성 민) ≠ 氏 (각시 씨)	名 (이름 명) ≠ 各 (각각 각)
小 (작을 소) ≠ 少 (적을 소)	手 (손 수) ≠ 毛 (털 모)
水 (물 수) ≠ 木 (나무 목)	語 (말씀 어) ≠ 話 (말씀 화)
人 (사람 인) ≠ 入 (들 입)	午 (낮 오) ≠ 牛 (소 우)
弟 (아우 제) ≠ 第 (차례 제)	右 (오른 우) ≠ 石 (돌 석)
土 (흙 토) ≠ 士 (선비 사)	邑 (고을 읍) ≠ 色 (빛 색)
寸 (마디 촌) ≠ 村 (마을 촌)	自 (스스로 자) ≠ 目 (눈 목)
間 (사이 간) ≠ 問 (물을 문)	住 (살 주) ≠ 往 (갈 왕)
夫 (지아비 부) ≠ 天 (하늘 천)	主 (주인 주) ≠ 王 (임금 왕)

모양이 바뀌는 부수 글자

♣ 글자 속에서 본래의 모양이 바뀌어 쓰이는 부수 글자입니다.

부수	뜻	소리	부수	뜻	소리
人·亻	사람	인	牛·牜	소	우
刀·刂	칼	도	犬·犭	개	견
卩·㔾	병부	절	玉·王	구슬	옥
尢·兀	절뚝발이	왕	示·礻	보이다	시
川·巛	내	천	网·罓	그물	망
彐·彑	돼지머리	계	老·耂	늙다	로
心·忄·㣺	마음	심	肉·月	고기	육
手·扌	손·재방변	수	艸·艹	풀	초
攴·攵	치다	복	衣·衤	옷	의
无·旡	없다	무	襾·西	덮다	아
歹·歺	뼈앙상하다	알	辵·辶	쉬엄쉬엄가다	착
水·氵·氺	물	수	邑·阝	고을	읍
火·灬	불	화	長·镸	길다	장
爪·爫	손톱	조	阜·阝	언덕	부

배정한자

歌	노래	가
家	집	가
間	사이	간
江	강	강
車	수레	거
	수레	차
空	빌[虛空]	공
工	장인匠人	공
敎	가르칠	교
校	학교學校	교
九	아홉	구
口	입	구
國	나라	국
軍	군사軍士/軍事	군
旗	기	기
記	기록할	기
氣	기운氣運	기
金	쇠	금
	성姓	김

배정한자

南	남녘	남
男	사내	남
內	안	내

女	계집	녀
年	해	년
農	농사農事	농

배정한자

答	대답對答	답
大	큰	대
道	길	도
	말할	도
冬	겨울	동
東	동녘	동
動	움직일	동
同	한가지	동
洞	골	동
	밝을	통
登	오를[登壇]	등

배정한자

來	올	래
力	힘	력
老	늙을	로
六	여섯	륙
里	마을	리

林	수풀	림
立	설	립

배정한자

萬	일만	만
每	매양每樣	매
面	낯	면
命	목숨	명
名	이름	명
母	어미	모
木	나무	목
文	글월	문
門	문	문
問	물을	문
物	물건物件	물
民	백성百姓	민

배정한자

方	모[四角]	방
百	일백	백
白	흰	백
不	아닐	불
父	아비	부

夫	지아비	부
北	북녘	북
	달아날	배

배정 한자

四	넉	사
事	일	사
山	메	산
算	셈	산
三	석	삼
上	윗	상
色	빛	색
生	날	생
	낳을	생
西	서녘	서
夕	저녁	석
先	먼저	선
姓	성姓	성
世	인간人間	세
所	바	소
小	작을	소
少	적을[젊을]	소
水	물	수
數	셈	수
	자주	삭
手	손	수

時	때	시
市	저자	시
食	먹을	식
	밥	사/식
植	심을	식
室	집	실
心	마음	심
十	열	십

배정 한자

安	편안便安	안
語	말씀	어
然	그럴	연
午	낮	오
五	다섯	오
王	임금	왕
外	바깥	외
右	오를	우
	오른(쪽)	우
月	달	월
有	있을	유
育	기를	육
邑	고을	읍
二	두	이
人	사람	인
日	날	일

| 一 | 한 | 일 |
| 入 | 들 | 입 |

배정 한자

子	아들	자
字	글자	자
自	스스로	자
長	긴	장
場	마당	장
電	번개	전
前	앞	전
全	온전	전
正	바를	정
弟	아우	제
祖	할아비	조
足	발	족
左	왼	좌
住	살	주
主	임금	주
	주인主人	주
中	가운데	중
重	무거울	중
地	땅[따]	지
紙	종이	지
直	곧을	직

배정한자

川	내	천
千	일천	천
天	하늘	천
青	푸를	청
草	풀	초
寸	마디	촌
村	마을	촌
秋	가을	추
春	봄	춘
出	날	출
七	일곱	칠

배정한자

| 土 | 흙 | 토 |

배정한사

八	여덟	팔
便	편할	편
	똥오줌	변
平	평평할	평

배정한자

下	아래	하
夏	여름	하
學	배울	학
韓	나라	한
	한국韓國	한
漢	한수漢水	한
	한나라	한
海	바다	해
兄	형	형
火	불	화
花	꽃	화
話	말씀	화
活	살[生活]	활
孝	효도孝道	효
後	뒤	후
休	쉴	휴

꼭 합격해서
6급에서 만나요!
안녕 –

이야기
한문서당

    옛날 정(鄭)나라에 신발을 사려는 사람이 있었습니다. 그는 먼저 자기 발 치수를 재어 종이에 적어 놓았습니다. 하지만 서둘러 집을 나오는 바람에 신발가게에 이르러서야 치수를 적어 놓은 종이를 두고 온 것을 알게 되었습니다.

    그가 주인에게 말하였습니다.

    "발 치수를 적어 놓은 종이를 깜박 잊고 집에다 두고 왔소. 금방 가서 가져오리다."

    그가 다시 신발 가게에 돌아왔을 때는 벌써 시장이 파하고 말았습니다. 이를 지켜본 어떤 사람이 말하였습니다.

    "왜 신발을 신어보지 않았소?"

    그러자 그가 대답하였습니다.

    "치수를 적은 종이는 믿을 수 있지만, 내 발은 믿을 수 없었기 때문이오."

    이는 신발을 사면서 '옛날에 재놓은 치수는 믿으면서 현재 자신의 발의 치수는 믿지 못함'을 이르는 말로, '남을 다스리는 자가 잘못된 문제를 바로 보려고 하지 않고, 일을 적당히 처리하며, 도리만을 강조하고 있는 어리석음'을 말한 것입니다.

    공부를 하는 사람도 이처럼 핑계나 구실을 삼아 자신의 잘못을 감추려고 하는 것보다, 그 잘못을 지적하고 올바른 것을 향하여 남의 모범이 되어야 하지 않을까요?

한자능력검정시험

쓰기연습
(8급 · 7Ⅱ · 7급)

○── 쓰기연습 안내 ──○

① 쓰기연습은 기본서 학습을 보충하기 위하여 엮은 한자쓰기 연습교재입니다.

② 아래 설명에 따라 충실히 학습한다면 아름답고 바른 글씨는 물론, 한자의 바른 이해를 구하는 데 많은 도움이 될 것입니다.

○── 학습방법 ──○

① 먼저 기본서를 학습도움 설명에 따라 충분히 학습하여야 합니다.

② 기본서에 수록된 평가문제를 학습하기에 앞서, 본 쓰기연습을 학습하면 복습의 효과가 있습니다.

③ 한자를 쓰는 과정에서 그 한자와 관련된 한자어를 연상하여 그 뜻을 헤아려 본다면 더 없이 좋은 학습이 될 것입니다.

④ 쓰기연습을 학습할 때에는 한 번에 6자를 쓰기보다는, 3자씩 아래로 나누어 내려쓰는 것이 바람직합니다.

※ 쓰기연습은 8급(50자), 7Ⅱ(50자), 7급(50자)의 순서로 총 150자를 '가나다 순'으로 실었습니다.

☺ **다음의 한자를 순서에 따라 한 획씩 쓰며 익혀봅시다.**

教	
가르칠 교 (攴)	ノ メ 孑 孝 孝 孝 孝 孝 孝 敎 敎
校	
학교　교 (木)	一 十 オ 木 朾 柞 柊 柊 校 校
九	
아홉　구 (乙)	ノ 九
國	
나라　국 (囗)	丨 冂 冂 冃 冃 冃 冐 國 國 國 國
軍	
군사　군 (車)	冖 冟 冒 宣 軍
金	
쇠 금, 성 김 (金)	ノ 人 스 合 全 全 余 余 金

🍶 도움글

✿ '國'자는 백성들[人口]과 땅[一]을 지키기 위해 국경[口]을 에워싸고 적이 침입하지 못하게 했다는 데에서, '나라[國]'를 뜻합니다.

✿ '軍'자는 전차[車] 주위를 둘러싸고[冖] 싸운다는 뜻이 합하여 '군사[軍]'를 뜻합니다.

─── / 8급 쓰기연습 / ───

南	
남녘 남(十)	一 十 十 内 内 南 南 南 南

女	
계집 녀(女)	〈 夕 女

年	
해 년(干)	스 스 느 느 年

大	
큰 대(大)	一 ナ 大

東	
동녘 동(木)	一 厂 厂 百 百 由 東 東

六	
여섯 륙(八)	、 ニ 六 六

🍵 도움글

❀ '南'자는 울타리[冂]를 치고 많은 양[羊]을 기르는 곳이 남쪽 지방이므로 '남쪽[峃]'을 뜻합니다.

❀ '東'자는 태양[日]이 떠올라 나무[木] 사이에 걸쳐있는 모양[棗]을 본뜬 데에서, '동쪽'을 뜻합니다.

萬				
일만 만(艸)	一 十 十 艹 节 节 芇 苗 莒 萬 萬 萬			
母				
어미 모(毋)	ㄴ 艹 卧 母 母			
木				
나무 목(木)	一 十 才 木			
門				
문 문(門)	丨 丨 丨 門 門 門			
民				
백성 민(氏)	一 一 尸 戶 民			
白				
흰 백(白)	ノ 亻 白 白 白			

❀ '民'자는 노예의 눈을 바늘로 찔러 눈 먼 사람[罒]이 된 모양을 본뜬 것으로, 아는 것이 없는[無知] 사람들이라는 데에서, '백성'을 뜻합니다.

父						
아비 부(父)	´ ´ ´ 父					
北						
북녘 북(匕)	ㅣ ㅓ ㅓ ㅕ 北					
四						
넉 사(囗)	ㅣ 冂 冂 四 四					
山						
메 산(山)	ㅣ 山 山					
三						
석 삼(一)	ㅡ ㅡ 三					
生						
날 생(生)	´ ㅗ ㅗ 牛 生					

도움글

❋ '山'자는 돌도 있고 높이 솟기도 한 산의 봉우리가 뾰족뾰족하게 이어진 모양[𝓜]을 본뜬 것으로, '메'를 뜻합니다.

❋ '生'자는 아래의 一은 땅, 위의 ㅛ은 풀이 자라는 것을 본뜬 것으로, 초목이 나고 차츰 자라서 땅 위에 나온다[𝖄]는 데에서 '낳다'를 뜻합니다.

西						
서녘 서(西) 一 一 一 西 西 西						
先						
먼저 선(儿) 一 一 生 失 先						
小						
작을 소(小) 丿 小 小						
水						
물 수(水) 丿 刀 水 水						
室						
집 실(宀) 丶 丷 宀 宀 宏 宏 宏 室 室						
十						
열 십(十) 一 十						

 도움글

✳ '西'자는 새[弓=鳥]가 보금자리[囟]에 드는 때가 해가 질 때[圝]라는 데에서, '서쪽'을 뜻합니다.

✳ '小'자는 아주 작은 물건[丨]을 다시 둘로 나누는[八] 모양[亅]을 본뜬 것으로, '작다'를 뜻합니다.

8급 쓰기연습 6

五						
다섯 오(二) 一 丆 五 五						
王						
임금 왕(玉) 一 二 干 王						
外						
바깥 외(夕) ノ ク 夕 夘 外						
月						
달 월(月) ノ 冂 月 月						
二						
두 이(二) 一 二						
人						
사람 인(人) ノ 人						

도움글

'外'자는 길흉화복을 점[卜]치는 일은 보통 아침에 하는데, 저녁[夕]에 점을 치는 것은 정상에서 벗어나는 일[外]이라는 데에서, '밖, 바깥'을 뜻합니다.

日					

날 일(日) ㅣ ㄇ 月 日

一					

한 일(一) 一

長					

긴 장(長) 一 ㄏ ㅏ ㅑ 톤 튼 튽 長

弟					

아우 제(弓) ` ` ` ` ` 弟 弟

中					

가운데 중(ㅣ) 丶 ㅁ 口 中

青	青				

푸를 청(青) 一 二 ㅑ 丰 丰 青 青 青

❈ '日'자는 해[☉]의 모양을 본떠서 만든 글자입니다.

❈ '弟'자는 활을 들고 노는 아우[♯]의 모습을 본떠서 만든 글자입니다.

/ 8급 쓰기연습 **8** /

寸				
마디 촌(寸) 一 十 寸				

七				
일곱 칠(一) 一 七				

土				
흙 토(土) 一 十 土				

八				
여덟 팔(八) 丿 八				

學				
배울 학(子) 丶 ⺊ ⺊ 臼 臼 臼 臼 臼 與 與 學 學 學				

韓				
나라 한(韋) 一 十 十 古 古 古 直 卓 卓 卓 卓 卓 韓 韓 韓 韓 韓				

 도움글

❋ '土'자는 위의 一은 땅의 표면을, 아래의 一은 땅 속을 본떠서, 땅 속에서 싹이 터서 땅
의 표면을 뚫고 자라는 식물[ㅣ]을 기른다[ ]는 데에서 '흙'을 뜻합니다.

兄					
형 형(儿)	` ⼂ ⼎ ⼞ 尸 兄				
火					
불 화(火)	` ⼂ ⼎ ⺌ 火				

❊ '火'자는 불이 활활 타오르는 모양[🔥]을 본뜬 것으로, '불'을 뜻합니다.

—— / 7Ⅱ 쓰기연습 / ——

❀ 다음의 한자를 순서에 따라 한 획씩 쓰며 익혀봅시다.

家	
집　　가 (宀)	` ` 宀 宀 宀 宇 宇 家 家 家
間	
사이　간 (門)	丨 冂 冂 冃 冃 冐 門 門 門 門 間 間 間
江	
강　　강 (水)	` ` 氵 氵 汀 江 江
車	
수레 거/차 (車)	一 冂 冂 듭 百 亘 車
空	
빌　　공 (穴)	` ` 宀 宀 宀 空 空 空 空
工	
장인　공 (工)	一 丁 工

❀ '家'자는 '집 안[宀]에서 豕[돼지]를 기른다.'는 뜻을 결합하여 '집[家]'이라는 뜻을
나타내는 글자입니다.

7II 쓰기연습 2

한자	훈음 (부수)	필순
記	기록할 기 (言)	丶 亠 亠 亠 言 言 言 訁 訂 記
氣	기운 기 (气)	ノ 𠂉 𠂉 气 气 气 気 氣 氣 氣
男	사내 남 (田)	丨 冂 日 田 田 男 男
內	안 내 (入)	丨 冂 冂 內
農	농사 농 (辰)	丨 冂 冂 巾 曲 曲 曲 農 農 農 農 農 農
答	대답 답 (竹)	ノ 𠂉 ⺮ ⺮ ⺮ 竹 笁 笁 笒 笒 答 答

도움글

'男'자는 '남자[男]는 들[田]에 나가서 농사일에 힘써야 한다[力]'는 뜻을 나타냅니다.

道	
길 도 (辵)	`丶丶丷丷产产首首首道道道

動	
움직일 동 (力)	`二千千舌舌旨重重動動

力	
힘 력 (力)	`丁力

立	
설 립 (立)	`丶一亠立立

每	
매양 매 (毋)	`厂仁与与每每

名	
이름 명 (口)	`クタタ名名

🍚 도움글

❈ '道'자는 '사물의 끝, 가서 닿는 곳'을 뜻하는 '머리[首]'와 '가다[辵=辶(착)]'는 뜻을 결합한 글자[遒]로, '걸어 다니는 길, 한 줄기로 뻗어 나간 길'을 뜻합니다.

❈ '名'자는 저녁[夕]에는 어두워 상대방을 볼 수 없으므로 입[口]으로 자기가 누구인가를 밝히기 위해 '이름을 대는 것[名]'을 뜻하는 글자입니다.

物				
물건 물 (牛)	ノ ヒ ヒ 华 牛 物 物 物			
方				
모 방 (方)	` 一 亍 方			
不				
아닐 불 (一)	一 丆 丆 不			
事				
일 사 (亅)	一 亓 币 币 写 写 写 事			
上				
윗 상 (一)	丨 卜 上			
姓				
성 성 (女)	く く 女 女 女 女 姓 姓			

 도움글

❀ '不'자는 새가 날아 올라가서 내려오지 않는 모양[禿]을 본떠서 만든 글자입니다.
❀ '事'자는 깃발을 단 깃대를 손으로 세우고 있는 모양[事]을 본떠서 '역사의 기록을 일삼아 간다.'는 것을 뜻합니다.

世					
인간 세 (一) 一 十 卅 卅 世					
手					
손 수 (手) ´ ` 三 手					
時					
때 시 (日) ㅣ 冂 日 日 日- 日+ 旷 旷 時 時					
市					
저자 시 (巾) ` 亠 产 方 市					
食					
먹을 식 (食) ノ 人 人 今 今 슈 슈 食 食					
安					
편안 안 (宀) ` ` 宀 灾 安 安					

❋ '世'자는 세 개의 十[10]을 합치고 그 아랫부분을 끌어서 길게 이어가는 모양[卋]을 나타내어 대략 30년이면 한 세대가 이어지는 것을 뜻합니다.

❋ '安'자는 집안[宀]에 여자[女]가 있으니 집안일을 제대로 돌보아 온 집안이 편안하다[安]는 뜻을 나타내는 글자입니다.

午					
낮 오 (十)	' ∠ ∠ 午				
右					
오른 우 (口)	ノ ナ ナ 右 右				
自					
스스로 자 (自)	' ⺊ ⺆ 自 自 自				
子					
아들 자 (子)	⁊ 了 子				
場					
마당 장 (土)	一 十 土 圫 圫 坦 坦 坦 場 場 場				
電					
번개 전 (雨)	一 ⺈ 戶 币 雨 雨 雨 雫 雪 雷 雷 電				

도움글

❉ '自'자는 사람의 코 모양[⻏]을 본뜬 글자로, 태아의 코가 가장 먼저 생긴다는 데에서 '始[시작]'자의 뜻과 통하여 '…로부터'의 뜻을 나타내기도 합니다.

前						
앞　전 (刀)	`丶丷䒑亣亣肖肖前前`					
全						
온전 전 (入)	`ノ入入仝仝全全`					
正						
바를 정 (止)	`一丁下正正`					
足						
발　족 (足)	`丶口口口早早足`					
左						
왼　좌 (工)	`一ナ左左左`					
直						
곧을 직 (目)	`一十十古古直直直直`					

✻ '足'자는 '무릎'을 본뜬 '口'와 '정강이부터 발목까지'를 본뜬 '止'를 합하여 '무릎부터 아래' 즉 '발'의 모양[足]을 본뜬 글자입니다.

平					
평평할 평 (干)	一 ㄷ ㄇ 立 平				
下					
아래 하 (一)	一 丁 下				
漢					
한수 한 (水)	丶 丶 氵 汁 汁 浩 浩 浩 浩 漢 漢 漢 漢				
海					
바다 해 (水)	丶 丶 氵 汁 浐 海 海 海 海				
話					
말씀 화 (言)	丶 二 亠 言 言 言 言 訂 許 評 話 話				
活					
살 활 (水)	丶 丶 氵 汁 汗 汗 汗 活 活				

🍧 도움글

✵ '海'자는 뜻을 나타내는 물[氵＝水]과 소리를 나타내는 每[매 → 해]가 결합한 글자
[㵗]로, '하늘의 못[天池]'이며, '모든 냇물을 받아들이는 바다'라는 뜻을 나타냅니다.

孝					
효도 효 (子)	一 十 土 耂 耂 孝 孝				
後					
뒤 후 (彳)	ノ ク イ 彳 彳 彳 秱 秱 後 後				

 도움글

❊ '孝'자는 아들이 노인을 잘 봉양한다는 데에서, 부모나 조상을 잘 섬김[孝]을 뜻합니다.

❊ '後'자는 발걸음[彳]을 조금씩[幺] 내딛으며 뒤처져온다[夊]는 데에서 '뒤[後]'를 뜻합니다.

✿ 다음의 한자를 순서에 따라 한 획씩 쓰며 익혀봅시다.

歌	
노래 가(欠)	一 一 一 一 一 一 一 一 一 哥 哥 哥 歌 歌 歌
口	
입 구(口)	丨 冂 口
旗	
기 기(方)	丶 一 亍 方 方 方 扩 扩 扩 旃 旃 旌 旗 旗 旗
冬	
겨울 동(冫)	丿 夂 夂 冬 冬
洞	
골 동(水)	丶 丶 氵 氵 汩 沪 洞 洞 洞 洞
同	
한가지 동(口)	丨 冂 冂 同 同 同

🫖 〈도움글〉

❋ '冬'자는 네 계절 중 끝[마침 : 夂] 계절에 얼음[冫]이 얼어 '만물이 얼어붙는 때'라는 데에서 '겨울[❄]'을 뜻합니다.

/ **7급 쓰기연습** /

登					
오를 등(癶)	ノ ヌ ヌ ヌ 癶 癶 癶 癶 癶 癶 癶 登				
來					
올 래(人)	一 厂 厂 刀 刃 來 來 來				
老					
늙을 로(老)	一 十 土 耂 老 老				
里					
마을 리(里)	丨 ⊓ 曰 曰 旦 甲 里				
林					
수풀 림(木)	一 十 才 才 木 村 村 林				
面					
낯 면(面)	一 丆 帀 帀 而 而 面 面 面				

❋ '登'자는 두 다리를 뻗쳐서[癶] 제사에 쓸 그릇[豆]을 '높은 곳에 올려놓는다.'는
데에서 '오르다[⚊]'를 뜻합니다.

命				
목숨 명(口)	ノ 人 人 合 合 合 命 命			
文				
글월 문(文)	丶 亠 亠 文			
問				
물을 문(口)	丨 丨' 丨' 丨' 丨' 門 門 門 門 問 問			
百				
일백 백(白)	一 丆 丆 百 百 百			
夫				
지아비 부(大)	一 二 丰 夫			
算				
셈 산(竹)	ノ 人 人 サ 竺 竺 笁 竹 笪 笪 笪 筸 算 算			

🍯 도움글

❀ '問'자는 '문[門] 안의 내용을 알기 위해 다른 사람에게 입[口]으로써 물어본다.'는 데에서, '묻다[問]'를 뜻합니다.

色					
빛 색(色)	` ⺈ ⺈ ⼎ ⾊ 色				

夕					
저녁 석(夕)	` ⼃ 夕				

所					
바 소(戶)	` ⼆ ⼎ 尸 戶 所 所 所				

少					
적을 소(小)	⼃ ⼩ 小 少				

數					
셈 수(攴)	` ⼝ 田 田 串 串 婁 婁 婁 數 數 數 數				

植					
심을 식(木)	⼀ ⼗ 才 才 术 柿 柿 柿 植 植 植 植				

도움글

✽ '夕'자는 '달[月]'에서 1획을 뺀 글자로, 해가 지고 달이 뜨기 시작하는 때는 '달이 반쯤 보인다.'는 데에서, '황혼 · 저녁[☽]'을 뜻합니다.

心	
마음 심(心)	` 心 心 心
語	
말씀 어(言)	` 亠 亖 言 言 言 訁 訂 語 語 語 語 語
然	
그럴 연(火)	ノ ク タ タ ゟ 夕 夕 妷 妷 然 然 然 然
有	
있을 유(月)	ノ 𠂇 ナ 冇 有 有 有
育	
기를 육(肉)	` 亠 亠 云 产 育 育 育
邑	
고을 읍(邑)	` 口 口 무 무 吊 吊 邑

🌸 '邑'자는 '영토를 뚜렷하게 경계하여[口] 천자가 제후에게 부절[阝 =節]을 내려 다스리게 하는 곳'이라는 데에서, '서울, 마을, 고을[邑]'을 뜻합니다.

入					
들 입 (入)	ノ入				
字					
글자 자 (子)	` `` 宀 宀 字 字				
祖					
할아비 조 (示)	` ` ラ ネ ネ 礻 初 袓 袓 祖				
住					
살 주 (人)	ノ 亻 亻 亻 住 住 住				
主					
주인 주 (丶)	` ` ー 主 主 主 / ` ` ー 十 主 主				
重					
무거울 중 (里)	` ー ← 台 台 重 重 重 重				

🌼 '字'자는 집안[宀]에서 자식[子]을 낳아 기르는 형상으로, '집안에 자식이 계속 붙듯이 글자도 계속하여 생긴다.'는 데에서, '글자[字]'를 뜻합니다.

地	
땅[따] 지(土)	一 十 土 扩 圳 地
紙	
종이 지(糸)	乚 幺 幺 幺 多 糸 糸' 紅 紙 紙
川	
내 천(巛)	丿 刂 川
千	
일천 천(十)	一 二 千
天	
하늘 천(大)	一 二 千 天
草	
풀 초(艸)	一 十 十 ヤ ヤ 芍 草 苗 草 草

❋ '天'자는 '서 있는 사람[大] 위로 끝없이 펼쳐져 넓은 것[一]'이라는 데에서, '하늘
[🏃]'을 뜻합니다.

─── / 7급 쓰기연습 **8** / ───

村					
마을 촌(木)	一 十 才 木 村 村				
秋					
가을 추(禾)	一 二 千 禾 禾 禾 禾 秋 秋				
春					
봄 춘(日)	一 二 三 声 夫 夫 春 春 春				
出					
날 출(山)	丨 屮 中 出 出				
便					
편할 편(人)	丿 亻 亻 仁 仁 佢 佢 佢 便				
夏					
여름 하(夊)	一 一 厂 厂 百 百 百 頁 頁 夏 夏				

❋ '出'자는 초목의 싹이 차츰 땅위로 돋아나 자라는 모양[ ]을 본뜬 것에서, '나오다, 자라다' 등을 뜻합니다.

花					
꽃　　화(艸)　　一 十 卄 艹 艹 芢 花 花					
休					
쉴　　휴(人)　　丿 亻 亻 什 仦 休					

 도움글

❋ '休'자는 사람[人 = 亻]이 나무[木 = 木] 그늘에 있는 모양[休]을 본뜬 것에서, '쉬다'를 뜻합니다.

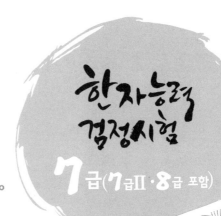

- **인 쇄** · 2025년 2월 5일
- **발 행** · 2025년 2월 10일

- **엮은이** · 원 기 춘
- **발행인** · 최 현 동
- **발행처** · 신 지 원

- **주 소** · 07532
  서울특별시 강서구 양천로 551-17, 813호(가양동, 한화비즈메트로 1차)

- **T E L** · (02) 2013-8080~1
  F A X · (02) 2013-8090
- **등 록** · 제16-1242호
- **교재구입문의** · (02) 2013-8080~1

정가 16,000원

ISBN 979-11-6633-500-6 13710